湖北省教育厅哲学社会科学研究项目之专项任务项目（思想政治理论课）（项目编号：23Z166）

高校教师数字素养提升的研究与实践

王　艳　著

中国纺织出版社有限公司

内 容 提 要

随着信息技术的飞速发展，数字化已经成为当今社会的重要特征之一，对高等教育领域产生了深远影响。高校教师作为知识传播与创新的主体，其数字素养的提升不仅是适应时代发展的迫切要求，而且是推动教育现代化、提升教学质量的关键所在。本书从高校教师数字素养的概念及其对教学效果的影响出发，深入探讨高校教师数字素养培训模式与策略，进而对高校教师数字素养在课堂教学、学生学习、课程设计、科研创新、社会服务、教育管理等方面展开深入研究，以期为高校教师数字素养的提升提供理论支持与实践指导。本书可作为高校教师数字素养学习参考书。

图书在版编目（CIP）数据

高校教师数字素养提升的研究与实践 / 王艳著. 北京 ：中国纺织出版社有限公司，2024. 10 . -- ISBN 978-7-5229-2216-4

Ⅰ. G645.12

中国国家版本馆 CIP 数据核字第 2024NL1681 号

责任编辑：段子君　　责任校对：高　涵　　责任印制：储志伟

中国纺织出版社有限公司出版发行
地址：北京市朝阳区百子湾东里 A407 号楼　邮政编码：100124
销售电话：010—67004422　传真：010—87155801
http://www.c-textilep.com
中国纺织出版社天猫旗舰店
官方微博 http://weibo.com/2119887771
武汉乐生印刷有限公司印刷　各地新华书店经销
2024年10月第1版　2025年1月第1次印刷
开本：710×1000　1/16　印张：12.25
字数：213千字　定价：78.00元

凡购本书，如有缺页、倒页、脱页，由本社图书营销中心调换

前　言

在信息技术日新月异的今天，数字化已深刻影响着社会的每一个角落，教育领域亦不例外。高校教师作为知识传播与创新的主体，其数字素养的提升不仅是适应时代发展的迫切需要，更是推动教育现代化、提升教学质量的关键所在。本书旨在深入探讨高校教师数字素养提升的策略，从高校教师的数字素养在教育教学中的重要意义、数字素养发展历程、我国高校教师数字素养整体水平和现状，以及数字技术及其应用场景入手，切实提升我国高校教师数字素养，推进高校教育进一步发展，以期为高校教师数字素养的提升提供理论支持与实践指导。

一、高校教师的数字素养在教育教学中有着举足轻重的地位

数字素养，作为教师综合素养的重要组成部分，不仅关乎教师个人的专业能力，更直接影响到教育教学的质量与效果。首先，数字素养是数字社会公民学习、工作、生活应具备的技术使用、创新发展、安全保障、伦理道德等一系列素质与能力的集合。这些素质与能力有助于教师更深入地理解课程标准，精准把握教学内容，从而设计出更科学、合理的教学方案。其次，具备数字素养的教师能够更有效地解决教学中遇到的问题，为学生提供更准确、全面和深入的知识传授。此外，数字素养还是教师跨学科整合能力的重要基础，有助于教师在自然科学、社会科学等多个领域实现知识的融会贯通。

在数字化教育背景下，数字素养更是教师适应新技术、新方法的必要条件。教师需要运用数字思维和数据分析技能，优化教学设计，评估教学效果，甚至利用数字技术提供个性化的教学资源和学习环境，促进学生的个性化学习和发展。因此，提升高校教师的数字素养，对于推动教育创新、提高教学质量具有不可估量的价值。

二、高校教师数字素养发展历程

数字素养作为信息时代的新型素养，其发展历程可追溯到上世纪70年

代信息素养概念的提出。随着信息技术的飞速发展，数字素养逐渐从信息素养中衍生出来，涵盖了图片 / 图像素养、再创造素养、分支素养、信息素养、社会情感素养等多个方面。特别是近年来，随着互联网的普及和数字化技术的广泛应用，数字素养已成为衡量个体适应数字社会能力的重要标准。

国外在数字素养研究方面起步较早，已形成了较为成熟的框架体系，如欧盟教育工作者数字素养框架（DigCompEdu）等。这些框架不仅为教育工作者提供了评估和提升自身数字素养的依据，也为教育政策的制定和实施提供了有力支持。相比之下，国内在数字素养研究方面起步较晚，但近年来也取得了显著进展，逐步形成了符合中国国情的数字素养框架和评价体系。

三、我国高校教师数字素养整体水平和现状

近年来，随着我国高等教育事业的快速发展，高校教师队伍的整体素质有了显著提升。一方面，高校教师的学历水平不断提高，硕士及以上学历者占比已超过七成，为教育教学提供了坚实的人才基础。另一方面，高校教师在学科背景、教育经历、学术成就等方面也呈现出多元化、专业化的趋势，为培养高素质人才提供了有力保障。

然而，在数字素养方面，我国高校教师仍面临诸多挑战。一方面，部分教师对数字技术的掌握和应用能力有限，难以充分利用数字化教学资源进行教学创新；另一方面，部分高校在数字教育资源建设、教师培训等方面投入不足，制约了教师数字素养的提升。此外，地域经济发展不平衡也导致部分偏远地区高校在数字素养培养方面存在明显短板。

四、与发达国家的差距及如何提升我国高校教师数字素养的策略

与发达国家相比，我国在高校教师数字素养方面仍存在一定差距。这主要体现在数字教育资源的丰富性、教师培训体系的完善性、数字技术应用的广泛性和深入性等方面。为缩小这一差距，我们需要从以下几方面入手：

（1）加大数字教育资源建设投入：建立更加完善的数字教育资源库，涵盖各类学科、多种形式的教学资源，为教师提供丰富、便捷的数字化教学工具。

（2）完善教师培训体系：构建分层次、分类别的教师培训机制，将数字素养纳入教师培训的重要内容，通过线上线下相结合的方式，提升教师的数字技术应用能力和教学创新能力。

（3）推动数字技术与教育教学的深度融合：鼓励教师积极探索数字化教学模式和方法，将数字技术融入课堂教学的各个环节，提高教学的互动性和实效性。

（4）加强国际合作与交流：借鉴国外先进的数字素养培养经验和做法，结合我国国情进行本土化改造和创新，提升我国高校教师数字素养的整体水平。

五、数字技术及其应用助力中华民族伟大复兴

数字技术作为当今时代的重要驱动力，正以前所未有的速度改变着人类社会的方方面面。在教育领域，数字技术的应用不仅提升了教学质量和效率，更为培养具有创新精神和实践能力的高素质人才提供了有力支撑。通过数字技术的赋能，我们可以实现教育资源的优化配置和共享，促进教育公平和均衡发展；可以创新教学模式和方法，激发学生的学习兴趣和潜能；可以加强国际交流与合作，提升我国教育的国际竞争力和影响力。

在中华民族伟大复兴的征程中，教育作为立国之本、强国之基，其重要性不言而喻。而数字技术的应用则为教育的发展注入了新的活力和动力。因此，我们应积极拥抱数字技术变革，推动教育教学的数字化转型和创新发展，为培养更多具有创新精神和实践能力的高素质人才贡献力量，为实现中华民族伟大复兴的中国梦奠定坚实基础。

本书由武汉工程科技学院马克思主义学院王艳撰写。写作的过程是漫长而艰辛的，每一步都离不开众人的支持和帮助。感谢我的家人，给予我无条件的爱与支持，感谢我的领导和同事，给我提出了宝贵的意见，还要特别感谢所有参与本书研究和出版的朋友们，你们的建议、批评和指导对我至关重要。在写作本书的过程中，借鉴了许多前辈的研究成果，在此表示衷心感谢。由于本书需要探究的层面比较深，笔者对一些相关问题的研究不透彻，加之写作时间仓促，书中难免存在一定的不妥和疏漏之处，恳请前辈、同行以及广大读者斧正。

王艳

2024年6月

目 录

第 1 章 高校教师数字素养概述

随着数字时代的到来， 我国高校教师不应再局限于传统的教育模式，而是急需提升数字素养，以适应技术与教学日益融合的趋势，从而更好地帮助学生为数字社会做好准备。特别是高校教育竞争激烈的当今世界，全球高等教育都面临着空前的挑战。国际经济合作组织发布的多项报告都指出了教师在信息技术方面的不足，并强调教师需要得到更多的技术支持和培训。

面对这一全球性的教育变革，我国也积极响应，出台了一系列政策来提升教师的信息技术应用能力。这反映了数字技术在教育中的重要性不断上升，以及教师在这一变革中的关键作用。

2024年2月，我国多部委联合发布了《2024年提升全民数字素养与技能工作要点》，明确了到2024年底全民数字素养提升的具体目标。这不仅彰显了国家对数字教育的重视，也为今后的教育工作指明了方向。

在这种大背景下，高校教师，作为数字化人才的培养者，其数字素养的提升显得尤为重要。他们不仅需要作为数字公民参与数字社会，更要肩负起教育学生成为合格数字公民的重任。因此，高校教师数字素养的提升和信息技术与课程的深度融合，将是今后教师专业成长的重要环节。

因此，本书将在国内外数字素养概念的基础上，深入探讨数字素养的组成要素和评价标准，进一步构建适应数字时代高校教师数字素养的框架，并提出一系列提升策略，以期为高校教师提供有力的支持和指导，帮助他们更好地应对数字化教学的挑战。

1.1 高校教师数字素养的概念界定

数字素养这一概念在国内外学术界有着广泛的探讨。其定义多样，但核心都聚焦于在数字时代所需的一系列能力与素质。以色列学者阿尔卡莱首先提出了数字素养的框架，包括图像素养、再创造素养等多个方面。而“数字素养”一词则是由保罗·吉尔斯特在《数字素养》一书中正式引入的。随后，多个国际组织和国内外学者都对数字素养进行了深入的界定和研究。

在国内，学者们也对数字素养提出了自己的见解。王佑美等认为它是一个综合且动态的概念。施歌则视其为信息素养、科学素养和媒介素养的进一步深化。李德刚强调数字素养是在数字环境中运用技术手段进行认知、批判和互动的能力。与此同时，“数字能力”与数字素养紧密相关，但有所不同，它更侧重于在工作、学习和社交活动中自信且创造性地使用信息技术的能力。

根据我国2022年的相关政策文件，数字素养涵盖了数字获取、制作、使用等多个方面。在综合国内外研究和政策的基础上，本书将数字素养的内涵细分为五个方面：数字信息获取、数字信息交流、数字内容创建、数字信息安全和数字问题解决。

（1）数字信息获取是指高校教师能够根据需要，利用多种数字工具和媒介来检索、识别和存储信息，并对信息进行筛选和价值判断的能力。

（2）数字信息交流则是指在数字化环境中，高校教师能够遵守法律法规，利用各种数字工具进行人际交流和互动，共享数字资源的过程。

（3）数字内容创建是指高校教师能够利用已有资源创建新的数字内容，如整合信息和资源，并通过合适的数字渠道进行表达和传播。

（4）数字信息安全要求高校教师在享受数字化便利的同时，增强安全意识，保护个人数字信息和设备的安全，以及维护数字环境的可持续发展能力。

（5）数字问题解决是指高校教师能够根据自身需求，选择合适的数字化工具来解决问题的能力。

这五个方面全面地反映了高校教师在数字时代所需具备的能力和素质，包括理解数字化教学的意义、开发有效的教学策略、引导学生创造性地使用数字技术、确保数字媒介的安全使用以及利用数字技术实现教学目标等。

1.2　数字素养对高校教师教学效果的影响

在传统教学中，师生之间是一种单向的、命令与服从的关系，学生在课堂上对教师唯命是从，对其教育管理缺乏主动性和创造性。数字化时代，教育教学活动不再是教师单向地传授知识，而是师生共同参与、互动合作。教师和学生成为教育教学活动的主体。这种新型的师生关系更加平等，更有利于学生进行学习活动和参与教学过程。数字化时代，师生之间不仅是知识与信息的传递与交流，更重要的是情感交流与互动。在传统教学中，教师往往是课堂的主宰者和控制者，而在数字化时代，教师则成为课堂教学中的引导者和指导者。学生在学习过程中要以参与者、合作者的身份参与课堂教学活动。

高校教师的教学效果与多样化的教学方法和个性化的教学是密切相关的。数字素养可以帮助高校教师更好地使用数字技术和工具，改善教学方法，提高学生的学习兴趣和参与度，从而提高教学效果。

1.2.1　多样化的教学方法

数字素养的提升使高校教师能够熟练运用各类数字化教学资源，包括但不限于网络课程、教学视频、电子书籍等。通过灵活运用这些资源，教师能够在教学中呈现出更加多样化的内容和形式。

在网络课程上，数字素养高的教师可以利用网络平台上的开放式课程资源，如讲座、实验演示或案例分析等，为学生提供更为丰富的学习内容。例如，一位计算机科学老师可以引导学生关注世界前沿的 AI 开发、应用等相关内容，将枯燥的理论知识和前沿科技结合起来，提高学生学习的兴趣和积极性。

此外，教师还可以利用在线学习平台或课程管理系统，设计小组讨论、项目合作等活动。学生可以通过平台实时交流、分享想法和成果，促进学生之间的互动和协作。这种互动式教学方法不仅能够激发学生的学习兴趣和主动性，还可以培养学生的团队合作能力和沟通能力。

1.2.2　个性化的教学实践

数字素养的提升还使高校教师能够实施个性化教学。借助学习分析工具，教师可以根据学生的学习进度、能力和兴趣，为每个学生提供量身定制的学习资源和建议。例如，教师可以推荐适合学生个人水平的在线课程、电子书籍或学习应用程序，帮助学生更好地掌握知识。这种个性化教学方法能够满足不同学生的学习需求，提高教学效果。

在过去，高校教师的教学实践通常包括：作业、考试、课外实践等线下内容，这些传统的教学实践在教育领域长期发挥着重要作用。但在提倡数字素养的当下，数字技术赋予了教师更广泛的资源和工具，使其能够更好地满足学生的个体差异和独特的教学实践需求。

举例来说，一位大学教师可以利用在线平台，为学生提供个性化的教学实践。如创建校园网站，建立本专业自媒体频道，或者短视频及其他模式的线上应用，通过这些平台，学生可以展示自己的学术成果、创意作品或实践项目，与同学们分享经验和见解，促进学术交流和合作。同时，教师也可以根据学生的兴趣和能力指导他们参与校园网站或自媒体频道的运营与管理，如微信公众号、微博账号、小红书账号等，分享专业知识、行业动态和研究成果，鼓励学生参与内容创作和互动交流；或者利用短视频及其他模式的线上应用，制作教学视频、开展线上直播课程，以更加生动直观的方式传授知识，锻炼同学们的自主学习能力和创造力。

这种个性化的教学实践不仅能够激发学生的学习兴趣和自主探究的精神，还能够提升他们的跨学科能力和解决问题的能力。通过参与这些个性化的教学实践，学生不仅可以加深对所学专业知识的理解和应用，还能够培养批判性思维和创新意识，从而更好地适应未来不断变化的社会和职业需求。同时，这种个性化的教学实践也有助于建立师生之间更加紧密的联系和信任，促进教学过程的互动和反馈，提高教学质量和效果，为学生的终身学习和发展打下坚实的基础。

1.3 当前高校教师数字素养现状分析

当前高校教师数字素养的现状呈现出一定的复杂性和多样性，整体上存在一些共性特征，但也存在一些差异。

1.3.1 整体概况

高校教师整体数字素养水平呈现出逐步提升的趋势，但仍然存在一定程度的不足。随着数字技术在教育领域的广泛应用，越来越多的教师意识到提升数字素养的重要性，并开始积极学习和应用相关技术。然而，与此同时，仍然有相当一部分教师在数字素养方面存在明显的不足，表现为对数字技术的应用能力较低、对新技术的接受程度不高等情况。

高校教师数字素养不高的主要原因分析：

(1)教师培训不足是一个重要因素。在过去的教育体系中，教师培训更多地侧重于学科知识和教学技能，而对数字技术的培训相对较少。许多教师在校期间没有接受到系统的数字素养培训，导致他们缺乏对数字技术的深入了解。

(2)教师自身对数字技术的认识和应用意识不强。部分教师对数字技术的重要性和应用前景缺乏清晰的认识，认为这些技术与自己的学科教学无关，因此缺乏主动学习和探索的动力。另外，一些年长的教师可能对新技术持保守态度，不愿意接受新事物，导致数字素养水平滞后。

(3)教学评价和激励机制不够完善也是影响教师数字素养的因素之一。目前，高校教师的评价和激励更多地侧重于科研成果和教学效果，而对于数字技术的应用和创新往往缺乏相应的考核和奖励机制。这导致一些教师缺乏动力去提升自己的数字素养，而更多地将精力放在传统的教学和科研工作上。

(4)高校内部的信息化建设和支持体系也存在不足。一些高校在数字化教学平台、教学资源共享平台等方面的建设力度不够，缺乏完善的技术支持和培训体系，难以为教师提供良好的数字化教学环境和条件。

(5)教师个人时间和精力有限也是制约数字素养提升的因素之一。教师在教学、科研以及管理等多方面都需要投入大量时间和精力，导致他们很难抽出时间去学习和掌握新的数字技术知识和技能。

1.3.2 主要特征

(1)差异性。不同学科领域、不同年龄层次、不同教育背景的教师在数字素养方面存在明显的差异。一些教师可能在特定领域有较高的数字素养，而在其他领域较为薄弱。另外，年轻教师可能更容易接受新技术，而年长教师可能存在一定的抵触情绪。这是由于新老教师对数字化的接受能力高低不同。

(2)应用程度不一。部分教师在课堂教学中积极应用数字技术，如多媒体教学、在线互动等，提升了教学效果；而另一些教师仍然采用传统的授课方式，对数字技术的应用比较保守。

(3)数字化教学环境不足。虽然越来越多的高校开始进行数字化教学平台的建设，但仍然存在一些高校数字化教学环境不足的情况，这给教师的数字素养提升带来了一定的困难。

(4)培训和支持不均衡。一些高校为教师提供了较好的数字素养培训和技术支持，如开设相关课程、举办培训活动等；但也有一些高校在这方面的支持不足，教师缺乏系统的培训机会。另外，现在的技能和水平基本能应付日常的工作需求，教师们对数字素养培训积极性不高。

（5）教学评价体系不完善。当前高校的教学评价体系更多地侧重于学术研究成果和教学效果，对于教师数字素养的评价相对较少，这可能影响了一些教师提升数字素养的积极性。

1.3.3 影响因素

影响高校教师数字素质的因素很多。现将影响因素介绍如下：

1.3.3.1 高校教育制度的影响

（1）课程设置和教学方法的传统化。教育体系中的课程设置和教学方法往往还停留在传统的教学模式上，过分强调知识传授而忽视了数字化教育技术的应用。因此，教师在受教育阶段接触到的内容和方法相对落后于数字化教育的发展，难以及时跟上数字化教育的潮流。

（2）教师培训体系的不完善。教育体系中的教师培训体系主要侧重于学科知识和教学技能的培养，而对数字化教育技术的培训相对不足。很多教师在受教育阶段未能接受到系统的数字素养培训，导致其在数字化教育方面的认识和应用能力不足。

（3）教育评价机制的单一化。教育评价体系往往更多地侧重于学术研究成果和传统教学效果，而对于教师在数字化教育方面的表现和贡献缺乏相应的考核和奖励机制。这使得一些教师缺乏动力去提升数字素养，而更多地将精力放在传统的教学和科研工作上。

（4）资源分配不均衡。教育资源在中国各地分配不均衡，一些地区的高校可能缺乏数字化教学平台的建设和技术支持，教师缺乏良好的数字化教学环境和条件。这种资源分配不均衡也制约了教师数字素养的提升。

（5）教育体制和管理体制的僵化。教育体制和管理体制相对比较僵化，难以灵活应对数字化教育的发展需求。制度上的不适应和管理上的滞后，使得一些教育改革和创新举措难以有效推进，从而影响了高校教师数字素养的提升。

1.3.3.2 学校的支持与资源的影响

高校在教师数字素养方面的支持与资源程度差异对教师数字素养的影响是显而易见的，甚至是决定性的，其影响主要体现在以下五个方面。

（1）数字素养培训机会。高校提供的数字素养培训机会不同，资源丰富的高校可能会定期举办数字化教育培训课程或研讨会，为教师提供系统的培训机会。

而资源有限的高校可能缺乏这样的培训机会，导致教师缺乏提升数字素养的机会和渠道。

（2）数字化教学平台建设。高校的数字化教学平台建设水平不同，资源充足的高校可能投入大量资金和人力物力建设数字化教学平台，提供丰富多样的教学资源和工具。而资源有限的高校可能仅提供基础设施，无法提供高质量的数字化教学资源，影响了教师的数字化教学效果和能力提升。

（3）技术支持与培训资源。高校的技术支持和培训资源不同，资源丰富的高校可能设有专门的技术支持团队，为教师提供数字化教学方面的技术支持和培训服务。而资源有限的高校可能无法提供这样的支持和服务，教师在数字化教学中遇到问题时无法及时得到解决，影响了教学效果和教师积极性。

（4）评价与激励机制。高校的评价与激励机制不同，一些高校可能建立了完善的教师数字素养评价体系，并将数字化教学能力纳入教师绩效考核范畴，以此激励教师提升数字素养。而另一些高校可能缺乏相关的评价和激励机制，教师在数字素质提升方面缺乏动力和积极性。

（5）跨学科合作与资源共享。高校的跨学科合作和资源共享程度不同，一些资源丰富的高校可能建立了跨学科的数字化教育研究团队，促进了教师之间的交流与合作，提高了教师数字素养的整体水平。而一些资源有限的高校可能缺乏这样的跨学科合作平台，教师难以分享资源和经验，影响了数字素养的提升。

1.3.3.3　个人因素影响

高校教师的个人因素对其数字素养的影响是多方面的，主要包括待遇、职称、积极性、年龄和性别等方面。

（1）待遇。高待遇往往会提高高校教师的工作积极性和教育投入，从而促进其数字素养的提升。如果教师获得较高的薪资、福利和奖励，他们可能更有动力去参加数字素养培训、学习新技术，以及积极应用数字技术进行教学。相反，如果待遇较低，可能会降低教师的工作积极性，影响其对数字化教育的投入程度。

（2）职称。国内高校通常将职称和待遇挂钩，资历与级别挂钩。职称制度在一定程度上反映了教师的学术水平和教学能力。具有较高职称的教师通常具备较高的学术素养和教学水平，可能更有能力和意愿去提升数字素养，尤其是在教学科研方面的数字化应用能力。因此，职称对于教师数字素养的提升具有一定的促进作用。

（3）积极性。教师个人的积极性和主动性对于提升数字素养至关重要。如果教师具有积极进取的工作态度和学习心态，他们更可能主动参与数字化教育的学习和实践，不断探索新的教学方法和工具，提升自己的数字化教学能力。相反，缺乏积极性和主动性的教师可能会较少关注数字化教育，影响其数字素养的提升。

（4）年龄。年龄因素对于教师的数字素养也有一定的影响。一般来说，年轻教师可能更容易接受新技术，更具有探索和创新的精神，因此更容易提升数字素养。而一些年长的教师可能对新技术持保守态度，不愿意接受新事物，导致数字素养的提升相对较慢。

（5）性别。性别因素在教师数字素养方面也可能产生影响，尽管这种影响可能不太显著。一般来说，男女教师在数字素养方面可能存在一定差异，但并不是决定性因素。关键在于个人的学习态度、技能水平和应用能力，而不是性别本身。

（6）主观原因。一些教师对数字技术的认识和应用意识不强，存在对新技术的抵触情绪，或者缺乏主动学习和探索的动力，主观上排斥新技术、新科技和新技能。

总而言之，当前的高校教育体系中对数字技术的培训和教育力度不足，导致一些教师在校期间没有接受到系统的数字素养培训。高校在数字化教学平台建设、技术支持等方面的投入程度不同，直接影响到教师数字素养的提升。当前教学评价体系更多地侧重于传统的教学效果和学术成果，对于数字素养的考核和奖励不足。当前高校教学在数字素质方面对教师们的奖惩机制并不完善，教师们的待遇差别并没有体现在其中。教师们参与培训，提升数字素养的积极性不高。教师们个人和主观因素等皆是影响教师数字素养不高或提升效率不佳的重要原因。

1.3.4 面临的问题和挑战

高校教师队伍在数字素养方面仍然面临很多问题和挑战：

（1）基础知识不足。许多高校教师缺乏数字技术方面的基础知识，无法有效理解和运用新技术。这包括对计算机操作、网络应用、数据处理等基础知识的不熟悉，影响了他们在教学和科研中的应用能力。

（2）应用能力不足。即使一些教师具备一定的数字技术基础知识，但在实际教学中缺乏对数字技术的有效应用能力。他们可能不了解如何运用数字技术提升教学效果，缺乏创新意识和实践经验。

（3）抵触情绪和保守观念。一些教师对数字技术持有抵触情绪或保守观念，认为传统教学方式更有效或更安全，不愿意尝试新的教学方法和工具。这种保守态度阻碍了数字化教育的推广和应用。

（4）培训机会不足。尽管越来越多的高校意识到数字素养的重要性，但许多教师仍缺乏系统的数字化教育培训机会。缺乏培训资源和机会导致教师无法及时了解新技术，跟不上数字化教育的发展步伐。

(5)评价体系不完善。目前高校的教师评价体系更多地侧重于学术研究成果和传统教学效果，对数字素养的评价相对较少。这导致一些教师缺乏动力去提升自己的数字素养，而更多地将精力放在传统的教学和科研工作上。

(6)技术支持不足。一些高校在数字化教学平台建设、技术支持等方面的投入不足，导致教师缺乏良好的数字化教学环境和条件。缺乏技术和资源支持限制了教师数字化教学的发展空间。

(7)跨学科合作不足。数字化教育涉及多个学科领域，需要跨学科的合作和交流。然而，目前许多高校学科之间的交流合作还不够密切，缺乏跨学科的教学团队，限制了数字化教育的整体发展。

(8)政策支持力度不够。高校教育制度涉及到教师数字素养方面仍然有很多空白，制度建设、规范化建设、基础设施等方面的运用和管理仍然存在可以优化或改进的地方，校领导在考虑数字素养政策方面不够全面，规划不够科学，容易导致高校教师数字素养提升不够，或者影响软硬件设施的使用效果。

一言以概之，当前高校教师数字素养的现状呈现出一定的提升趋势，但仍然存在不少挑战和问题。通过加强培训、优化评价机制、加强学校支持等措施，可以进一步提升教师的数字素养水平。

1.3.5　改进措施

高校教师的数字素养很大程度上决定了教师们的教学水平、专业素养和教学效果。针对高校教师的数字素养不足的问题，可通过多重途径予以提升和改进。如可以定期组织数字素养培训和研学会，包括基础的数字技术知识普及、教学应用技能培训以及新技术的介绍与探讨。这种培训可以由学校内部的专家或外部的专业机构承办，为教师提供系统的学习机会。高校可以投资建设数字化教学平台，提供丰富多样的教学资源和工具，为教师提供实践和应用的场景。此类平台可以包括在线课堂、教学管理系统、资源共享平台等，为教师提供便捷的数字化教学环境。针对不同教师的数字素养水平和需求，可以制订个性化培训计划。比如针对数字技术初学者提供基础培训，针对有一定基础的教师提供进阶培训，以及针对特定学科或教学需求的定制培训。高校可以建立数字化教学案例库，收集整理教师在数字化教学方面的成功经验和创新实践，供其他教师参考借鉴。这种案例库可以包括教学设计、课程内容、教学方法等方面的案例，为教师提供实用的参考资料。

此外，建设社群平台为教师提供交流、分享和合作的平台。教师可以在平台上分享自己的教学经验和资源，交流教学思想和方法，共同探讨数字化教学的发展方向。高校可以优化教学评价机制，将教师的数字素养纳入评价体系。通过考核教师在数字化教学方面的表现和成果，激励教师提升数字素养水平。针对老师们的待遇差别并没有体现在奖惩体制中，可以设立奖励机制鼓励创新，即奖励在数字化教学方面表现突出的教师。这种奖励可以包括荣誉称号、奖金、学术资源支持等，激励教师积极探索和应用新技术，促进教学创新。

通过上述改进措施，高校可以有效提升教师的数字素养水平，推动数字化教育的发展，提高教学质量和效率。

1.4 高校教师数字素养的影响

“教师的数字能力是简化现有教学工作流程和任务的关键，也是管理学生学习过程的定性新方法的入场券。教育内容的变化，伴随着对教师能力要求的扩大，反映在科学研究、研究计划和科学文献的数量上。然而，缺乏对教师数字能力领域研究成果的系统总结，教师可以被认为是教育范式变化的主要参与者。因此，对教师数字能力领域开展的研究进行分析是合适的，这将使这一领域的知识现状得以反映。”

提升高校教师数字素养的紧迫性与必要性是当今教育领域亟需解决的重要问题。随着信息技术的迅猛发展，数字化已成为现代社会的基本特征之一，而高校教师的数字素养直接关系到教育教学质量的提升、学生综合素养的培养以及教育改革的推进。以下将从几个方面探讨其紧迫性与必要性。

（1）数字素养与教师专业发展密切相关。如今，信息技术已经深刻改变了教育教学的方式和方法，数字化教学工具的广泛应用使教学更加生动、多样化，而数字教学平台的兴起也为教师提供了更多的教学资源和辅助工具。因此，提升教师的数字素养，使其能够熟练掌握教学技术，灵活运用各种数字化教学手段，已成为教师专业发展的必然要求。

（2）数字素养与学生学习效果息息相关。在数字化时代，学生的学习方式和习惯也发生了巨大变化，他们更加倾向于通过网络获取知识、参与交流，善于利用数字化工具进行学习。如果教师的数字素养跟不上时代的步伐，无法满足学生的学习需求，就会导致教学与学习脱节，影响教育教学的效果。因此，提升教师的数字素养，能够更好地满足学生个性化、多样化的学习需求，促进学生综合素养的全面提升。

（3）数字素养与教育改革的深化密切相关。当前，我国教育改革已经进入深水区，面临着许多新的挑战和机遇。数字化技术的广泛应用为教育改革提供了新的契机，数字化教学、在线教育等新模式的出现为教育教学带来了更多可能性。而要推动教育改革向前发展，首先要保证教师具备足够的数字素养，才能更好地适应新的教育环境、掌握新的教育理念，进而推动教育改革的深化与发展。

总而言之，提升高校教师数字素养的紧迫性与必要性是毋庸置疑的。只有加强对教师的数字化培训与指导，不断提升他们的数字素养水平，才能更好地适应时代发展的要求，更好地为教育事业的发展贡献力量。

1.4.1　数字素养与教师专业发展的关系

数字素养与教师专业发展之间存在着紧密的内在联系和逻辑，这种联系贯穿教育教学的方方面面。我们可从数字素养的概念入手，探讨其与教师专业发展之间的内在联系和逻辑。

1.4.1.1　数字素养的概念

数字素养是指个体在信息化社会中获取、处理和传递信息的能力，不仅包括操作硬件设备、使用软件工具的基本技能，更重要的是具备辨识信息、评估信息、创造信息以及解决问题的能力。在教育领域，数字素养不仅是指掌握了一些数字技术操作的简单能力，更重要的是教师能够通过数字化手段更好地开展教学、提升教学效果。

1.4.1.2　数字素养与教师专业发展之间的内在联系

具体联系体现在以下几个方面：

（1）教学方法与手段的更新。随着信息技术的飞速发展，传统的教学方法已经无法满足现代学生的需求，数字化教学手段的出现为教学提供了新的可能性。教师如果缺乏数字素养，就无法灵活运用各种数字化教学工具，无法把握教学的时机和方式，难以提升教学效果。因此，提升数字素养有助于教师更新教学方法和手段，促进教学质量的提升。

（2）个性化教育的实施。在数字化时代，学生的个性化需求越来越突出，而传统的课堂教学往往难以满足这种需求。通过数字化技术，教师可以更加精准地了解学生的学习情况和特点，有针对性地开展个性化教育。然而，要实施个性化教育，教师需要具备数字素养，才能灵活运用各种数字化工具和教学平台，实现个性化教学的目标。

（3）教育信息化管理的需求。随着教育信息化的深入推进，学校管理和教学管理也越来越依赖于信息技术的支持。教师作为学校教学管理的主体之一，需要具备一定的信息技术能力，能够熟练使用各种教育信息系统，进行教学资源的管理、学生成绩的评估等工作。而要实现这一目标，教师必须提升自己的数字素养，才能更好地适应信息化管理的需求。

(4)教师专业发展的动力源泉。在当今社会，信息技术的发展已经成为社会发展的主要动力之一，教育也不例外。教育教学的信息化已经成为教育改革的必然趋势，而提升教师的数字素养是推动教育信息化的关键。只有不断提升数字素养，教师才能更好地适应信息化教育的发展要求，更好地推动教育事业的发展。

从以上几方面我们可以得出，数字素养与教师专业发展之间存在着紧密的内在联系。提升教师的数字素养，不仅有助于更新教学方法与手段，实施个性化教育，满足教育信息化管理的需求，更是教师专业发展的动力源泉，推动教育事业的持续发展。因此，加强对教师数字素养的培养和提升，对于教育教学的改进和发展具有重要意义。

1.4.2 数字素养关乎学生学习效果

高校教师的数字素养与学生学习效果息息相关，这种联系体现在多个方面，涵盖了教学内容、教学方法、教学资源等方面。本书将从几个主要的角度阐述这种逻辑和联系。

(1)教师的数字素养决定了教学内容的丰富性和多样性。随着信息技术的不断发展，教师可以利用数字化技术制作丰富多样的教学资源，如教学视频、数字化课件、网络课程等，这些资源可以更加直观、生动地展现教学内容，激发学生的学习兴趣。然而，如果教师缺乏数字素养，无法灵活运用这些数字化工具，就会导致教学内容的单一化和枯燥化，影响学生的学习积极性和效果。

(2)教师的数字素养决定了教学方法的灵活性和有效性。在数字化时代，传统的讲授式教学已经无法满足学生的需求，而数字化教学方法的应用可以使教学更加生动、多样化。例如，利用网络教学平台进行在线讨论、互动课堂等活动，可以促进学生思维的活跃，增强他们的学习效果。然而，要实现这些教学方法，教师必须具备一定的数字素养，才能熟练操作教学平台，设计并实施相应的教学活动。

(3)教师的数字素养决定了教学资源的质量和数量。数字化技术为教师提供了丰富的教学资源，如网络图书馆、在线期刊、教学视频等。这些资源可以为学生提供更加全面和深入的学习材料，有助于他们更好地理解和掌握知识。然而，如果教师缺乏数字素养，无法有效地筛选和利用这些教学资源，就会导致教学资源的质量参差不齐，影响学生的学习效果。

(4)教师的数字素养还决定了教学评估的科学性和客观性。在数字化时代，教师可以利用各种数字化工具对学生进行评估，如在线测验、电子作业等，这些评估方式可以更加客观、全面地反映学生的学习情况，有助于及时发现学生存在的问题并采取相应的措施。然而，如果教师不具备数字素养，无法灵活运用这些评估工具，就会导致评估结果的主观性和不准确性，影响学生的学习效果。

从以上四点可以看出，高校教师的数字素养与学生学习效果息息相关。教师的数字素养决定了教学内容的丰富性和多样性，教学方法的灵活性和有效性，教学资源的质量和数量，以及教学评估的科学性和客观性。因此，加强对教师数字素养的培养和提升，对于提高教学质量、增强学生学习效果具有重要意义。

1.4.3 数字素养与我国当前教育改革的深化密切相关

数字素养除了与教师专业发展密切相关，在一定程度上决定着学生学习成果，直接影响着高校教学质量，还与我国当前高校教育改革之间存在着紧密的联系。我们有必要厘清其内在的逻辑关系。这种联系体现在教育理念、教学模式、教学管理等多个方面。

（1）高校教师数字素养是推动教育改革的重要动力之一。随着信息技术的不断发展，数字化教育已成为教育改革的重要方向之一。数字化教育为教育带来了全新的教学模式和理念，如个性化教育、在线学习等。这些新模式的出现为教育改革提供了新的契机。而要实现这些教育改革目标，教师的数字素养至关重要。只有具备一定的数字素养，教师才能更好地适应数字化教育的发展要求，更好地推动教育改革的深入发展。

（2）高校教师数字素养与教育改革的关系体现在教学模式的创新与发展上。在数字化时代，传统的课堂教学已经无法满足学生的需求，而数字化教学模式的出现为教学带来了新的可能性。在互联网时代，尤其是移动互联网时代，利用网络教学平台进行在线教学、混合式教学等活动，可以实现教学的全时空延伸，提高教学的灵活性和效率。然而，要实现这些教学模式，教师必须具备一定的数字素养，才能熟练操作教学平台，设计并实施相应的教学活动，从而推动教学模式的创新与发展。

（3）数字素养与教育改革的联系体现在教学资源的共享与开放上。在数字化时代，教学资源的共享与开放已经成为教育改革的重要方向之一。数字化技术为教学资源的共享和开放提供了技术支持，教师可以通过网络教学平台分享教学资源，如教学视频、网络课件等，这些资源可以为学生提供更加丰富多样的学习材料，有助于提高教学质量和效果。然而，要实现教学资源的共享与开放，教师必须具备一定的数字素养，才能有效地利用网络教学平台，管理和分享教学资源，推动教育资源的共享与开放。

（4）数字素养还与教育改革的管理与评估密切相关。在数字化时代，教育管理和教学评估也越来越依赖信息技术的支持。数字化技术为教育管理和教学评估提供了新的途径和手段，如在线评估、数据分析等，这些技术可以更加客观、全面地反映教学质量和效果，有助于及时发现问题并采取相应的措施。然而，要实现教育管理和教学评估的数字化，教师必须具备一定的数字素养，才能熟练操作教育管理系统，进行数据分析和评估，推动教育管理和教学评估的科学化和精细化。

由此可以得出一个重要结论，即教师的数字素养与教育改革之间存在着紧密的联系和内在的逻辑关系。提升教师的数字素养不仅有助于推动教育改革的深入发展，促进教学模式的创新与发展，推动教学资源的共享与开放，还有助于推动教育管理和教学评估的数字化，从而提高教育教学的质量和效果，促进教育事业的持续发展。因此，加强对教师数字素养的培养和提升，对于促进教育改革和推动教育事业的发展具有重要意义。

1.4.4 数字素养决定着高校教育质量

提升高校教师数字素养不仅对教师自身发展至关重要，更对提升高校学生数字化水平、促进高等教育高质量发展具有重要意义。本书将从几个主要角度探讨教师数字素养如何助力高校学生数字化水平的提升和高等教育的高质量发展。

（1）教师数字素养对于引领学生数字化学习至关重要。随着信息技术的飞速发展，数字化学习已经成为未来教育的主要趋势。数字素养的提升可以使教师更好地掌握数字化教学工具和平台，设计出更加富有创意和启发性的数字化教学内容，激发学生的学习兴趣，提高学生的学习积极性。例如，教师利用在线课堂、教学视频、虚拟实验室等数字化工具，可以将抽象的知识内容具体化、形象化，增强学生的理解和记忆，从而提升学生的数字化水平。

（2）教师数字素养有助于促进学生信息素养的提升。信息素养是指个体在信息化社会中获取、处理和传递信息的能力，是学生综合素质的重要组成部分。数字素养的提升可以帮助教师更好地引导学生掌握信息素养的相关知识和技能，包括信息搜索、信息评估、信息利用等方面。通过教师的示范和引导，学生可以学会利用互联网和数字化工具获取和筛选信息，培养批判性思维和创造性思维，提高信息的利用效率和质量，从而提升信息素养水平。

（3）教师数字素养有助于拓展学生的学习空间和学习资源。数字化技术的广泛应用为学生提供了更加丰富多样的学习资源和学习空间，如网络教学平台、在线课程、开放式课程资源等。然而，要充分利用这些学习资源和学习空间，教师必须具备一定的数字素养，才能灵活运用各种数字化工具和资源，设计并实施多样化的学习活动，丰富学生的学习体验和学习成果，从而促进学生的数字化水平的提升。

（4）教师数字素养有助于培养学生的创新精神和实践能力。在数字化时代，创新精神和实践能力已经成为未来人才培养的重要素质。数字素养的提升可以帮助教师更好地设计并组织学生参与数字化教学实践和项目实践，激发学生的创新意识和实践能力。通过参与数字化教学实践和项目实践，学生可以不断探索和发现，培养解决问题的能力和创新思维，提升综合素质，为未来的学习和工作做好准备。

通过上面的阐述，我们可以十分清楚地明白高校教师数字素养的提升迫在眉睫，它对于提升高校学生数字化水平、促进高等教育高质量发展具有重要意义。通过提升教师的数字素养，可以引领学生数字化学习，促进学生信息素养的提升，拓展学生的学习空间和学习资源，培养学生的创新精神和实践能力，为高校学生的全面发展奠定坚实基础。因此，加强对教师数字素养的培养和提升，是推动高等教育高质量发展的重要举措。

第 2 章　高校教师数字素养培训模式与策略

随着信息技术的迅猛发展，数字化已成为现代社会的重要标志。在这样的背景下，高校教师的数字素养显得尤为重要。数字素养不仅关乎教师个人的职业发展，更直接影响高校的教学质量和学生的创新能力培养。因此，构建有效的数字素养培训模式与策略，对于提升高校教师的数字素养水平具有重要意义。

针对当前高校教师数字素养已不能满足高校学生日益增长的数字化学习需求，建议对高校教师进行有计划、长期性的数字素养培养和提升。具体培训模式可参考欧美发达国家大学教育在数字素养提升方面的先进经验。高校教师数字素养培训可采用多种培训模式，具体情况简要介绍如下：

（1）可采用线上与线下相结合的培训模式。线上培训模式利用网络平台，提供丰富的数字素养学习资源，如在线课程、教学视频、互动论坛等。这种模式具有灵活性和自主性的特点，教师可以根据自己的时间和进度进行学习。线下培训模式则通过组织专题讲座、工作坊、实践操作等方式，为教师提供面对面的学习交流和实际操作的机会。将线上与线下培训相结合，既能保证学习的深度与广度，又能满足教师个性化的学习需求。

（2）案例教学与项目驱动的培训模式。案例教学通过引入真实的教学案例，让教师在分析问题、解决问题的过程中提升数字素养。项目驱动的培训模式则是以实际项目为载体，组织教师开展团队合作，共同完成数字素养相关的任务。这两种模式都能有效激发教师的学习兴趣和积极性，促进理论与实践的结合。

（3）持续学习与定期评估的培训模式。数字素养是一个持续发展的过程，因此培训模式应注重持续学习与定期评估。持续学习可以通过定期更新培训内容、提供学习支持等方式实现；定期评估则可以通过设置考核标准、进行成果展示等方式进行，以检验教师的学习成果并推动其不断进步。

确定了数字素养培训模式，就有了指导性实施纲领，从而制订科学、规范、操作性较强的策略，如明确培训目标与内容。在制订培训策略时，首先要明确培训的目标和内容。目标应围绕提升教师的数字技能、数字思维能力和数字道德意识等方面展开；内容则应涵盖数字工具的使用、数字资源的获取与处理、数字创新教学方法等多个方面。

针对不同教师的不同需求，应建立多元化的培训体系。这包括针对不同学科背景的教师设置不同的培训课程，以及为不同职业发展阶段的教师提供不同层次的培训。同时，还应积极引进外部优质资源，如邀请行业专家、学者进行授课或指导，以丰富培训内容并提高培训质量。培训过程中应注重实践与应用环节的设计与实施。通过组织实践操作、教学实验等活动，让教师在实际操作中提升数字技能；通过引导教师将数字素养应用于教学实践中，促进其数字思维能力和创新能力的培养。为了激发教师参与数字素养培训的积极性，应建立相应的激励机制和评价体系。激励机制可以通过设置奖励措施、提供晋升机会等方式实现；评价体系则可以通过制订评价标准、开展成果评价等方式进行，以客观公正地评价教师的数字素养水平并为其提供反馈和指导。

任何简单的"抄作业"而不优化和创新，都是简单的借鉴和模仿，永远难以实现真正意义上的超越。我国高校在教师数字素养培养方面也是如此，既要参考国外大学先进经验，又要有自己独特的、适合本土大学的培养和提升模式，即培训模式与策略的优化与创新。

在构建与实施高校教师数字素养培训模式与策略的过程中，还应注重其优化与创新。这包括根据教师反馈和实际需求调整培训内容和方法，以及探索新的培训形式和技术手段，如利用虚拟现实、人工智能等先进技术提升培训效果。同时，还应加强与其他高校或机构的合作与交流，共同推动高校教师数字素养培训的发展与进步。

通过以上内容的阐述，为我们在提升高校教师数字素养方面厘清了思路，提出了可行性实操方案。高校教师数字素养培训模式与策略的构建与实施是一个系统工程，需要多方面的共同努力和持续探索。通过构建有效的培训模式、实施科学的培训策略并不断优化与创新，我们可以有效提升高校教师的数字素养水平，为高等教育质量的提升和人才培养的创新做出积极贡献。

总之，高校教师数字素养的培训模式与策略是促进高等教育数字化发展的重要举措之一。通过合理有效的培训模式和策略，可以帮助教师提升数字技术应用能力，增强教学创新能力，推动高等教育的数字化转型。

2.1　高校教师数字素养培训需求分析

随着信息技术的飞速发展，数字化已经渗透到社会的各个角落。作为掌握最新科技和培养高端人才的高等教育领域也不例外，更是走在时代发展的前沿。在这个大背景下，高校教师的数字素养显得尤为重要。数字素养不仅关乎教师个人的职业发展，更直接关系到高校的教学质量以及学生的综合素质提升。因此，对高校教师进行数字素养培训的需求日益凸显。本书将从教育信息化的推动、教育改革的需要、教师个人发展的需求、学生培养的需要，以及教师群体数字素养等多维度、多方面对高校教师数字素养培训的需求进行深入分析。

2.1.1　教育信息化的推动

近年来，国家层面高度重视教育信息化的发展，出台了一系列相关政策，旨在推动信息技术与教育教学的深度融合。在这一背景下，高校作为教育领域的重要组成部分，自然成为推动教育信息化的重要力量。然而，目前许多高校教师在数字素养方面还存在一定的欠缺，无法充分适应教育信息化的需求。因此，对高校教师进行数字素养培训，提升他们的数字技能和应用能力，成为推动教育信息化发展的关键一环。

随着信息技术的迅猛发展，教育信息化已成为推动教育现代化、提升教育质量的重要途径。高校作为培养高素质人才的重要基地，其教师的数字素养水平直接关系到教育信息化的深入实施。然而，当前高校教师在数字素养方面仍存在诸多欠缺，无法充分适应教育信息化的需求，这在一定程度上制约了教育信息化的进一步发展。

2.1.1.1　数字素养在现代高等教育领域的重要性

前文已经阐述过教师的数字素养在现代高等教育领域的重要性，这里再强调言之：数字素养是指个体在数字化时代所应具备的信息获取、处理、评价、创新和应用的能力，包括信息意识、信息知识、信息技能和信息道德四个方面。在教育信息化背景下，高校教师的数字素养不仅关系到自身的教学水平和科研能力，更直接关系到学生的信息素养培养和教育质量的提升。

2.1.1.2 高校教师在数字素养方面的欠缺

(1)信息意识不足。部分高校教师对信息技术的重要性和应用价值的认识不够深刻，缺乏主动学习和应用信息技术的意愿。他们往往固守传统的教学方式，对新的教学方法和手段持怀疑态度，甚至排斥和抵触。这种信息意识的不足，导致他们在教育信息化进程中缺乏主动性和积极性。

(2)信息知识匮乏。一些高校教师的信息知识储备不足，对新兴的信息技术、教学平台和教学工具了解不够深入。他们缺乏系统的信息知识学习和培训，难以跟上信息技术发展的步伐。这种信息知识的匮乏，使他们在应用信息技术进行教学和科研时感到力不从心。

(3)信息技能薄弱。许多高校教师在信息技能方面存在明显的短板。他们缺乏基本的计算机操作能力和网络技术应用能力，无法熟练地使用各种教学软件和工具进行教学设计、制作课件和开展在线教学。同时，他们在数据分析和处理方面的能力也相对较弱，难以利用信息技术手段进行有效的科研和教学工作。

(4)信息道德缺失。在信息道德方面，一些高校教师存在忽视信息安全、侵犯知识产权等问题。他们在教学和科研过程中不注重保护学生的隐私权和知识产权，甚至利用学生的信息进行非法活动。这种信息道德的缺失，不仅损害了学生的利益，也影响了高校教师的形象和声誉。

2.1.1.3 高校教师无法充分适应教育信息化需求的现状分析

(1)教学方式单一。由于数字素养的欠缺，许多高校教师仍然采用传统的教学方式进行教学。他们过度依赖教材和课堂讲授，缺乏对学生自主学习和探究能力的培养。这种单一的教学方式不仅无法满足学生的个性化学习需求，也难以激发学生的学习兴趣和积极性。

(2)教学资源有限。教育信息化需要大量的教学资源支持，包括数字教材、在线课程、虚拟实验室等。然而，由于高校教师的数字素养不足，他们往往无法充分利用这些教学资源进行教学设计和实施。同时，他们也缺乏制作高质量教学资源的能力和经验，导致教学资源的质量和数量无法满足教育信息化的需求。

(3)教学效果不佳。由于教学方式单一、教学资源有限等因素的影响，高校教师在教育信息化背景下的教学效果往往不佳。他们难以利用信息技术手段提高教学效率和教学质量，也无法有效培养学生的信息素养和创新能力。这种教学效果的不佳，不仅影响了学生的学习效果和发展潜力，也制约了教育信息化的深入实施。

(4)提升高校教师数字素养的策略建议。①加强信息意识培养。高校应加强对教师信息意识的培养和引导，让他们充分认识到信息技术在教育教学中的重要性和应用价值。同时，学校可以举办相关讲座和培训活动，提高教师对信息技术的认识和理解。②加强信息知识学习。高校应加强对教师信息知识的学习和培训，帮助他们掌握最新的信息技术和教学平台。学校可以组织定期的信息知识培训和交流活动，提高教师的信息知识储备和应用能力。③加强信息技能培训。高校应加强对教师信息技能的培训和指导，提高他们的计算机操作能力和网络技术应用能力。学校可以组织相关的技能培训课程和实践活动，帮助教师熟练掌握各种教学软件和工具的使用方法。④加强信息道德教育。高校应加强对教师信息道德的教育和引导，让他们充分认识到信息安全和知识产权的重要性。学校可以制订相关的规章制度和奖惩机制，规范教师的信息行为和维护信息安全。

由上可知，高校教师在数字素养方面存在的欠缺以及无法充分适应教育信息化需求的现状需要引起我们的高度重视。只有加强教师的数字素养培养，提高他们的信息技术应用能力，才能推动教育信息化的深入实施和提升教育质量。

2.1.2　教育改革的需要

随着教育改革的不断深入，传统的教学模式已经无法满足现代教育的需求。数字化教学以其独特的优势，如资源丰富、交互性强、个性化教学等，逐渐成为教学改革的重要方向。然而，要实现数字化教学的有效实施，教师必须具备相应的数字素养。只有掌握了数字化教学的理念、方法和技能，教师才能更好地利用数字工具进行教学设计、资源获取、课堂互动以及教学评价等工作。因此，对高校教师进行数字素养培训，是教育改革顺利进行的必要条件。

高校作为培养高层次人才的重要基地，其教师在数字化教学的理念、方法和技能运用方面的现状直接关系到教学质量和人才培养的质量。然而，当前高校教师在这些方面仍存在一些问题，需要通过教育改革来加以解决。

2.1.2.1　数字化教学的理念现状和问题

（1）理念现状。目前，大多数高校教师已经认识到数字化教学的重要性，并开始尝试将其应用于教学实践。他们开始关注数字化教学带来的教学模式、教学内容和教学方式的变革，并积极探索如何利用数字化工具提高教学效果。

（2）理念问题。尽管教师普遍认可数字化教学的价值，但在理念层面仍存在一些问题。首先，部分教师对数字化教学的理解仍然停留在技术层面，没有深入认识到数字化教学对教学模式、教学内容和教学方式的深层次影响。其次，一些教师缺乏创新精神和探索意识，对数字化教学的应用持保守态度，不愿意尝试新的教学方法和手段。

2.1.2.2 数字化教学的方法现状和问题

（1）方法现状。在数字化教学方法方面，高校教师已经开始尝试使用多种教学方法，如在线教学、混合式教学、翻转课堂等。他们利用数字化工具，如教学平台、在线课程、虚拟实验室等，丰富教学内容和形式，提高学生的学习兴趣和参与度。

（2）方法问题。在数字化教学方法的应用过程中，仍存在一些问题。首先，一些教师对新型教学方法的掌握不够熟练，导致教学效果不佳。其次，部分教师在使用数字化工具时缺乏有效的教学策略，无法充分发挥数字化教学的优势。最后，一些教师在数字化教学中缺乏对学生个体差异的关注，导致教学内容和方式无法满足学生的个性化需求。

2.1.2.3 数字化教学的技能运用现状和问题

（1）技能运用现状。在数字化教学技能方面，高校教师已经具备了一定的信息技术应用能力。他们能够熟练使用各种教学软件、制作教学课件、开展在线教学等。同时，一些教师还积极学习新的信息技术和工具，不断提高自己的数字化教学技能。

（2）技能运用问题。在数字化教学技能的运用过程中，仍存在一些问题。首先，一些教师的信息技术应用能力仍然有限，无法充分利用数字化工具进行教学设计和实施。其次，部分教师在数字化教学中缺乏创新意识和实践能力，无法将新的信息技术和工具有效地融入教学中。最后，一些教师在使用数字化工具时存在技术障碍和安全隐患，如数据泄露、系统崩溃等。

2.1.2.4 教育改革的重要性与实现的途径

针对高校教师在数字化教学的理念、方法和技能运用方面存在的问题，教育改革成为解决这些问题的重要途径。首先，教育改革需要加强对数字化教学理念的引领和宣传，让教师深刻认识到数字化教学对教学改革的重要性。其次，教育改革需要推动数字化教学方法的创新和应用，鼓励教师尝试新的教学方法和手段，提高教学效果。最后，教育改革还需要加强教师数字化教学技能的培训和提升，帮助教师提高信息技术应用能力和创新能力。

结合中国高校当前现状，教育改革可以通过以下几个方面来推动高校教师在数字化教学方面的提升：

（1）加强政策引导和支持。制定相关政策，鼓励和支持高校开展数字化教学改革，为教师提供必要的支持和保障。

（2）开展数字化教学培训。组织专门的数字化教学培训活动，提高教师的信息技术应用能力和数字化教学设计能力。

（3）推广优秀数字化教学资源。建设优质的数字化教学资源库，为教师提供丰富的教学素材和案例，促进数字化教学的普及和应用。

（4）鼓励教师开展数字化教学实践。为教师提供数字化教学实践的机会和平台，鼓励他们将新的教学方法和手段应用于实际教学中。

高校教师在数字化教学的理念、方法和技能运用方面仍存在一些问题，需要通过教育改革来加以解决。只有加强政策引导和支持、开展数字化教学培训、推广优秀数字化教学资源以及鼓励教师开展数字化教学实践等措施的综合运用，才能推动高校教师在数字化教学方面的提升，更好地利用数字工具进行教学设计、资源获取、课堂互动以及教学评价等工作。

2.1.3　教师个人发展的需求

在信息化社会，数字素养已经成为现代人必备的基本素质之一。对高校教师而言，具备较高的数字素养不仅有助于提升教学质量，还能为个人的职业发展带来更多的机会。通过数字素养培训，教师可以掌握更多的数字技能，如数据分析、多媒体教学、在线课程设计等，这些技能不仅可以提升教师的职业竞争力，还能为其未来的职业发展提供更多的可能性。此外，数字素养的提升还有助于教师更好地适应信息化社会的变化，保持与时俱进的教学理念和方法。

随着信息技术的飞速发展，数字化已成为当今社会不可逆转的趋势，教育领域亦不例外。高校作为培养未来人才的重要基地，其教师的数字素养水平对于提高教学质量、促进学生全面发展具有举足轻重的意义。因此，提升高校教师的数字素养不仅是时代发展的必然要求，更是教师个人发展的迫切需求。本书将从教师个人发展的角度出发，探讨提升高校教师数字素养的重要性，并具体阐述教师在数字技能掌握方面可以获得的益处。

2.1.3.1　提升高校教师数字素养的必要性

（1）适应教育信息化发展的需要。教育信息化是现代教育发展的重要趋势。它要求高校教师必须具备较高的数字素养，能够熟练运用信息技术进行教学设计、实施和管理。只有如此，教师才能跟上教育信息化的步伐，为学生提供更加优质、高效的教学服务。

（2）满足学生个性化学习的需求。随着数字化时代的到来，学生的学习方式发生了深刻变化，他们更加倾向于个性化、自主化的学习方式。因此，高校教师需要掌握数字化教学手段，利用信息技术为学生提供更加丰富、多元的学习资源和学习环境，满足学生的个性化学习需求。

（3）提升教师自身的教学水平和科研能力。数字素养的提升有助于教师更好地掌握和应用信息技术，丰富教学手段和教学内容，提高教学效果。同时，信息技术的发展也为教师的科研工作提供了更多便利和可能性，如数据收集、分析和处理等方面的技能提升，都将有助于教师科研能力的提升。

2.1.3.2 提升高校教师数字素养在个人发展中的益处

（1）掌握数据分析技能，提升教学决策的科学性。数据分析是数字化时代的重要技能之一。它可以帮助教师更好地了解学生的学习情况、教学效果等方面的信息。通过数据分析，教师可以更加准确地把握学生的学习需求和学习特点，制订更加科学、合理的教学计划和教学策略。同时，数据分析还可以帮助教师及时发现教学中存在的问题和不足，为教师提供有针对性的改进建议。

（2）熟练运用多媒体教学，增强教学的直观性和趣味性。多媒体教学是数字化教学的重要手段之一。它可以通过图像、声音、动画等多种形式呈现教学内容，使教学更加直观、生动、有趣。高校教师需要掌握多媒体教学的相关技能，如课件制作、音视频剪辑等，以便更好地利用多媒体教学手段进行教学设计和实施。通过多媒体教学，教师可以激发学生的学习兴趣和积极性，提高学生的学习效果。

（3）精通在线课程设计，拓展教学空间和资源。在线课程是数字化时代的重要教学方式之一。它可以突破时空限制，为学生提供更加灵活、便捷的学习途径。高校教师需要掌握在线课程设计的相关技能，如课程设计、教学资源整合等，以便为学生提供更加优质、丰富的在线课程。通过在线课程设计，教师可以拓展教学空间和资源，为学生提供更加全面、深入的学习体验。同时，在线课程还可以为教师提供更多的教学资源和教学灵感，促进教师自身的教学水平和科研能力的提升。

（4）提升信息素养，增强终身学习能力。信息素养是数字化时代的重要素养之一。它是指个体在信息化社会中所具备的信息意识、信息能力和信息道德等方面的素养。高校教师需要不断提升自身的信息素养，以便更好地适应信息化社会的发展需求。通过提升信息素养，教师可以增强自身的终身学习能力，不断学习和掌握新的知识和技能，为自身的职业发展打下坚实的基础。

提升高校教师的数字素养是教师个人发展的迫切需求。通过掌握数据分析、多媒体教学、在线课程设计等数字技能，教师可以更好地适应教育信息化的发展需求，满足学生个性化学习的需求，提升自身的教学水平和科研能力。同时，数字素养的提升还有助于教师增强终身学习能力，为自身的职业发展打下坚实的基础。因此，高校应加强对教师数字素养的培养和提升工作，为教师提供更多的学习和培训机会，推动教师数字素养的全面提升。

2.1.4　学生培养的需要

高校作为人才培养的摇篮，肩负着培养具有创新精神和实践能力的高素质人才的重任。在人才培养的过程中，教师的数字素养水平直接影响学生的培养质量。具备较高数字素养的教师能够更好地利用数字工具进行教学设计，激发学生的学习兴趣和创造力。同时他们还能通过数字平台为学生提供更多的学习资源和交流机会，促进学生的全面发展。因此，对高校教师进行数字素养培训，也是为了满足学生培养的需要。

随着信息技术的飞速发展，数字化已经成为当今社会的重要特征之一，对高等教育领域产生了深远影响。在这一背景下，提升高校教师的数字素养显得尤为关键。它不仅关乎教师个人的专业成长，更是高校进行大学生培养、提升大学生综合素质，进而提升高校教育水平和教育质量的重要原因。本书将从这几个方面深入阐述提升高校教师数字素养的重要性。

2.1.4.1　高校教师数字素养与大学生培养

（1）引领大学生适应数字化时代。在数字化时代，大学生需要具备相应的数字技能和素养，以更好地适应未来的工作和生活。高校教师是大学生学习过程中的重要引路人，他们的数字素养水平将直接影响大学生的数字技能培养。因此，提升高校教师的数字素养，不仅能够帮助教师更好地运用数字技术进行教学设计、实施和评价，还能够为学生树立榜样，激发他们对数字技术的兴趣和热情，从而培养出更多具备数字素养的优秀人才。

（2）拓展大学生的知识视野。数字技术为高等教育带来了丰富的教学资源和手段，使教学内容和形式更加多样化和个性化。提升高校教师的数字素养，可以使他们更加熟练地运用各种数字工具和教学平台，为学生提供更加广阔的知识视野和学习空间。例如，教师可以通过网络课程、在线讨论、虚拟实验等方式，让学生接触到更多前沿的学术成果和最新的科研成果，从而拓宽学生的知识视野和学术视野。

（3）激发大学生的创新精神和实践能力。数字技术为高等教育提供了更多的创新和实践机会。提升高校教师的数字素养，可以鼓励他们在教学过程中更加注重学生的创新精神和实践能力的培养。教师可以通过引导学生参与科研项目、开展创新创业实践等方式，让学生在实践中学习和成长，培养他们的创新能力和实践能力。同时，教师还可以利用数字技术开展跨学科的教学和研究活动，促进不同学科之间的交叉融合和协同创新。

2.1.4.2 高校教师数字素养与提升大学生综合素质

（1）培养大学生的自主学习能力。在数字化时代，自主学习能力已经成为大学生必备的重要素质之一。提升高校教师的数字素养，可以使教师更加注重培养学生的自主学习能力。教师可以通过网络课程、在线资源等方式为学生提供更加丰富的学习资源和学习路径，引导学生根据自己的兴趣和需求进行自主学习和探究。同时，教师还可以利用数字技术对学生的学习过程和效果进行实时监控和评估，为学生提供及时的反馈和指导。

（2）提升大学生的信息素养。信息素养是大学生在数字化时代必须具备的重要素质之一。提升高校教师的数字素养，可以使他们更加注重培养学生的信息素养。教师可以通过引导学生学习信息检索、信息筛选、信息分析和信息利用等方面的知识和技能，帮助学生提高获取、处理和利用信息的能力。同时，教师还可以利用数字技术开展信息素养教育课程和活动，让学生在实践中提高信息素养水平。

（3）培养大学生的团队协作能力和沟通能力。团队协作能力和沟通能力是大学生在未来工作中必须具备的重要素质之一。提升高校教师的数字素养，可以使他们更加注重培养学生的团队协作能力和沟通能力。教师可以利用数字技术开展小组合作学习、在线讨论等方式，让学生在学习过程中学会与他人合作和交流。同时，教师还可以利用数字技术对学生的团队协作能力和沟通能力进行培养和评估，为学生提供有针对性的指导和建议。

2.1.4.3 高校教师数字素养与提升高校教育水平和教育质量

（1）推动教学模式和教学方法的创新。提升高校教师的数字素养，可以推动教学模式和教学方法的创新。教师可以利用数字技术开展翻转课堂、混合式教学等新型教学模式和教学方法，使教学更加灵活、多样和个性化。同时，教师还可以利用数字技术开展教学评价和反馈活动，为学生提供更加及时、准确和全面的评价和指导。

（2）提高教学质量和效果。提升高校教师的数字素养，可以提高教学质量和效果。教师可以利用数字技术优化教学设计、丰富教学内容和形式、提高学生的学习兴趣和参与度等方式，使教学更加生动、有趣和有效。同时，教师还可以利用数字技术开展教学反思和改进活动，不断提高自身的教学水平和能力。

提升高校教师数字素养是高校进行大学生培养、提升大学生综合素质，进而提升高校教育水平和教育质量的重要途径。因此，高校应该加强对教师数字素养的培养和提升工作，为教师提供更多的学习和培训机会，推动教师数字素养的全面提升。

2.2　基于需求的数字素养培训课程设计

针对高校教师的数字素养培训课程设计需要充分考虑教师的实际需求和教学特点。通过需求分析、课程目标、课程内容、教学方法及评价反馈等方面的设计和实施，可以为高校教师提供一套系统、全面、实用的数字素养培训课程，帮助他们提高数字技能水平、增强数字意识、培养数字伦理素养，进而提升高校的教学质量和水平。

在课程设计之初，我们首先需要对高校教师的数字素养现状和需求进行深入分析。通过问卷调查、访谈、教学观察等方式，了解教师在数字技术应用方面的实际水平、存在的问题及需求。分析结果显示，教师在数字技能、数字意识、数字伦理等方面存在不同程度的不足，同时对于数据分析、在线课程设计、多媒体教学等数字技能有着迫切的学习需求。

（1）课程目标。基于高校数字素质需求分析的结果，针对高校教师群体在数字素养方面的不足，可确定以下课程目标：①提高教师的数字技能水平，包括数据分析、在线课程设计、多媒体教学等技能。②增强教师的数字意识，使其能够主动将数字技术应用于教学、科研和管理中。③培养教师的数字伦理素养，使其在数字技术应用过程中遵守相关法规和道德规范。

（2）课程内容。根据课程目标，我们设计了以下课程内容：①数字技能模块：包括数据分析软件的使用、在线课程平台的操作、多媒体教学设备的运用等技能的学习和实践。②数字意识模块：通过案例分析和讨论，使教师了解数字技术在高等教育中的重要作用和应用场景，激发其主动学习和应用的意愿。③数字伦理模块：讲解数字技术在应用过程中需要遵守的法律法规和道德规范，引导教师树立正确的数字伦理观念。在课程内容的设计上，我们注重理论与实践相结合，通过案例分析、小组讨论、实践操作等方式，使教师能够真正掌握数字技能，并在实际应用中不断提高。

（3）教学方法。为了确保培训效果，我们采用了以下教学方法：①线上线下相结合：利用网络平台提供线上学习资源，同时组织线下集中培训和研讨，使教师能够随时随地进行学习。②案例分析：通过具体的教学案例，使教师了解数字技术在教学中的应用场景和效果。③小组讨论：组织教师进行小组讨论和交流，分享数字技能的学习经验和应用心得。④实践操作：提供实践操作的机会和平台，使教师能够亲自动手操作和实践数字技能。通过这些教学方法的运用，教师可以更加深入地理解和掌握数字技能，并在实际应用中不断提高自己的数字素养水平。

（4）评价反馈。为了确保培训效果和质量，我们建立了完善的评价反馈机制。具体包括以下几个方面：①过程性评价：在培训过程中，通过作业、测试等方式对教师的学习情况进行跟踪和评价。②总结性评价：在培训结束后，通过问卷调查、访谈等方式收集教师的反馈意见和建议，对培训效果进行总结和评价。通过评价反馈机制的建立和实施，我们可以及时了解教师的学习情况和需求变化，不断优化和完善培训课程设计，提高培训效果和质量。

（5）后续支持。为教师提供后续的学习资源和支持服务，帮助其在实际应用中不断提高数字素养水平。

2.2.1 教师数字素养课程目标

在数字化浪潮席卷全球的今天，高校作为培养未来人才的重要阵地，其教师的数字素养水平直接影响教育教学的质量和效果。因此，针对高校教师数字素养不足，使用现代化教学工具效率低，难以满足学生的数字化教育需求等矛盾，设计一套目标明确、内容充实的高校教师数字素养课程，对于提升教师的数字技能、增强数字意识、培养数字伦理素养具有重要意义。本书将从课程目标的角度出发，深入解析高校教师数字素养课程的目标设置及其内在关系与逻辑。

2.2.1.1 高校教师数字素养课程目标解析

高校教师数字素养课程的目标，主要包括以下几个方面：

（1）提高教师的数字技能水平。数字技能是高校教师数字素养的核心要素，包括数据分析、在线课程设计、多媒体教学等技能。通过培训，使教师能够熟练掌握这些技能，并将其应用于实际教学中，提高教学效果和效率。

（2）增强教师的数字意识。数字意识是指教师对数字技术的认识、理解和应用能力。通过培训，使教师认识到数字技术在教育教学中的重要作用和优势，激发其主动学习和应用数字技术的意愿，形成数字思维，推动数字化教学的深入发展。

（3）培养教师的数字伦理素养。在数字技术的应用过程中，需要遵守相关的法律法规和道德规范，保护知识产权、维护网络安全等。通过培训，使教师了解数字伦理的基本概念和原则，树立正确的数字伦理观念，自觉遵守相关法律法规和道德规范，保障数字技术的健康、有序发展。

2.2.1.2　设置上述课程目标的原因

设置高校教师数字素养课程目标主要是为了提升教师数字素养，充分使用互联网时代数字资源，充分发挥校内网教学资源，升级数字工具制作紧跟时代的教学内容等，主要包括以下几点：

（1）为了适应数字化时代的发展需求。随着信息技术的不断发展，数字化已成为时代的趋势和潮流。高校教师需要适应数字化时代的发展需求，掌握数字技术，提高教学效果和效率。设置明确的课程目标，有助于引导教师积极学习和应用数字技术，提升其数字素养水平。

（2）为了满足教师个人职业发展的需求。在数字化时代，教师的职业发展需要不断更新知识和技能。掌握数字技术，提高数字素养水平，有助于教师拓宽职业发展空间、增强职业竞争力。设置明确的课程目标，可以满足教师个人职业发展的需求，激发其学习动力和积极性。

（3）为了提高高校教学质量的需求。数字技术的应用可以丰富教学手段和教学资源，使教学更加生动、直观和有趣。同时，数字技术还可以促进师生之间的交流和互动，提高学生的学习兴趣和参与度。设置明确的课程目标，可以引导教师将数字技术应用于教学中，提高教学质量和效果。

2.2.1.3　数字素养课程目标之间的内在关系

高校教师数字素养课程目标之间存在着紧密的内在关系。①数字技能是高校教师数字素养的基础和核心要素。只有掌握了数字技能，教师才能更好地将数字技术应用于教学中，提高教学效果和效率。因此，提高教师的数字技能水平是数字素养课程的首要目标。②数字意识是数字技能应用的先导。数字意识是教师对数字技术的认识、理解和应用能力。只有具备了正确的数字意识，教师才能主动学习和应用数字技术，将其融入教学中。因此，增强教师的数字意识是数字技能应用的先导和保障。③数字伦理是数字技能应用的保障。在数字技术的应用过程中，需要遵守相关的法规和道德规范，保护知识产权、维护网络安全等。数字伦理素养是教师在应用数字技术时必须遵守的基本准则。因此，培养教师的数字伦理素养是数字素养课程的必要内容，也是数字技能应用的重要保障。

不难看出，高校教师数字素养课程目标之间存在着紧密的内在关系。提高教师的数字技能水平是基础和核心，增强教师的数字意识是先导和保障，培养教师的数字伦理素养是必要内容和重要保障。这三个目标相互关联、相互促进，共同构成了高校教师数字素养课程的目标体系。

2.2.1.4 结论

高校教师数字素养课程的目标设置是基于对数字化时代发展的深刻认识和教师个人职业发展的需求。通过明确的目标设置和内在关系与逻辑的梳理，可以引导教师积极学习和应用数字技术，提高其数字素养水平，进而提升高校的教学质量和水平。

2.2.2 高校教师数字素养课程内容

在信息化、数字化的时代背景下，高校教师作为知识的传播者和创新者，其数字素养水平不仅关乎个人职业发展，更直接关系到高校教学质量的提升以及学生数字化能力的培养。因此，设计一套全面、系统的高校教师数字素养课程内容，对于提升教师的数字技能、增强学生的数字化水平、提高大学生的整体质量具有重要意义。

2.2.2.1 高校教师数字素养课程内容解析

高校教师数字素养课程内容应涵盖以下几个方面：

（1）数字技术基础与应用。这一部分内容主要包括信息技术基础知识、计算机操作基础、网络应用基础等。通过系统学习，使教师掌握基本的数字技能，能够熟练运用各种办公软件、教学软件和网络工具，为教学提供技术支撑。

（2）数字教学资源开发与利用。课程内容应涵盖多媒体教学资源的制作、在线课程的设计与开发、数字化教学平台的使用等方面。通过学习，教师可以利用数字技术制作丰富多样的教学资源，为学生提供更加生动、直观的学习体验，同时也能够利用在线课程平台拓展教学空间，实现线上线下相结合的教学模式。

（3）数据分析与评估。随着大数据时代的到来，数据分析已成为教育教学中不可或缺的一部分。课程内容应涵盖数据分析的基本方法、教育数据的收集与处理、学生学习行为的分析与评估等方面。通过学习，教师可以更好地利用数据来指导教学、评估学生的学习效果，实现精准化教学。

（4）数字伦理与信息安全。在数字技术应用过程中，需要遵守相关的伦理规范和法律法规，确保信息安全。课程内容应涵盖数字伦理的基本概念、原则以及信息安全的基本知识和防范措施。通过学习，教师可以树立正确的数字伦理观念，自觉遵守相关规范，保障学生的信息安全和隐私。

（5）数字化环境下的教学方法与策略。课程内容应关注数字化环境下教学方法与策略的创新与变革。通过学习，教师可以了解最新的教学理念和方法，如翻转课堂、混合式学习等，并结合实际教学情况进行应用和实践，提高教学效果和质量。

2.2.2.2　设置这些课程内容的原因

设置这些课程内容的原因主要有以下几点：

（1）适应数字化时代的教育需求。随着信息技术的快速发展，数字化已成为教育教学的必然趋势。高校教师需要具备相应的数字技能，以适应数字化时代的教育需求。设置这些课程内容，有助于提升教师的数字素养水平，使其能够更好地应对数字化时代的挑战。

（2）满足教师个人职业发展的需要。在数字化时代，教师的职业发展需要不断更新知识和技能。设置这些课程内容，有助于满足教师个人职业发展的需要，提高其竞争力。同时，通过系统学习，教师也能够更好地应对教育教学的变革和创新。

（3）提升教学质量和效果。数字技术的应用可以丰富教学手段和教学资源，提高教学质量和效果。设置这些课程内容，有助于引导教师将数字技术应用于教学中，实现教学方法和策略的创新与变革。同时，通过学习数据分析与评估等方法，教师可以更好地了解学生的学习情况，实现精准化教学。

2.2.2.3　高校教师数字素养课程与提升高校教学质量、增强学生数字化水平、提高大学生质量的内在关系

高校教师数字素养课程与提升高校教学质量、增强学生数字化水平、提高大学生质量之间存在着紧密的内在关系：首先，提升高校教学质量。通过系统学习数字素养课程，教师可以掌握先进的数字技能和教学方法，将其应用于实际教学中，提高教学效果和质量。同时，教师也能够更好地了解学生的学习需求和行为习惯，实现个性化教学和精准化教学。其次，增强学生数字化水平。随着数字技术的广泛应用，学生需要具备相应的数字化能力以适应未来社会的需求。通过学习数字素养课程，教师可以利用数字技术制作丰富多样的教学资源，为学生提供更加生动、直观的学习体验。同时，教师也可以引导学生利用数字技术进行自主学习和探究性学习，提高其数字化水平。最后，提高大学生质量。高校教师的数字素养水平直接关系到大学生的培养质量。通过学习数字素养课程，教师可以更好地适应数字化时代的教育需求，为学生提供更加优质的教育资源和教学服务。同时，教师也能够更好地培养学生的数字化能力和创新精神，提高其综合素质和竞争力。

2.2.3　高校教师提升数字素养的教学方法

在数字化时代，高校教师数字素养的提升成为教育教学改革的重要一环。在设定了课程目标、课程内容后，即可制订科学有效的教学方法。教学方法作为实

现教学目标、完成课程设置的关键手段，对于提升教师的数字素养水平具有至关重要的作用。下面将探讨高校教师数字素养课程的教学方法，分析使用这些教学方法的原因，并阐述它们与提升高校教师整体数字素养方面的内在关系。

2.2.3.1 高校教师数字素养课程的教学方法

（1）案例分析法。案例分析法是通过具体案例来讲解和分析数字素养的相关知识和技能。教师可以通过收集和整理与数字素养相关的案例，引导学生进行深入分析和讨论，从而加深对数字素养的理解和掌握。这种教学方法能够使学生将理论知识与实际应用相结合，提高学习的针对性和实效性。

（2）项目驱动法。项目驱动法是一种以学生为中心的教学方法，通过让学生参与实际项目来培养其数字素养。教师可以设计一些与数字素养相关的项目任务，让学生分组进行项目设计、实施和总结，从而在实践中学习和掌握数字技能。这种方法能够激发学生的学习兴趣和动力，提高其自主学习和解决问题的能力。

（3）在线学习与混合式教学。在线学习与混合式教学是利用互联网和数字技术进行教学的一种方法。教师可以通过在线课程平台发布数字素养的相关课程和学习资源，让学生在线学习并进行互动交流。同时，教师还可以将线上学习与线下教学相结合，采用混合式教学模式，让学生在课堂上进行实践操作和讨论，提高学习效果。

（4）翻转课堂。翻转课堂是一种颠覆传统课堂模式的教学方法。在翻转课堂中，教师将传统的课堂讲授内容转移到课前，让学生在课前通过自学掌握相关知识。在课堂上，教师则主要进行问题解答、讨论和实践活动，以巩固和拓展学生的知识和技能。这种方法能够提高学生的自主学习能力和课堂参与度，促进师生互动和交流。

（5）工作坊与研讨会。工作坊和研讨会是一种互动式的教学方法，通过组织专家讲座、小组讨论和实践操作等活动，促进教师之间的交流与合作。学校可以邀请数字素养领域的专家或优秀教师进行讲座和分享，引导教师进行深入交流和讨论。同时，学校还可以组织实践操作活动，让教师在实践中学习和掌握数字技能。这种方法能够激发教师的创新思维和合作精神，推动数字素养教育的深入发展。

2.2.3.2 使用上述五种教学方法的理由

（1）符合数字化时代的教育需求。随着信息技术的快速发展，数字化已成为教育教学的必然趋势。上述教学方法能够充分利用数字技术和网络平台，为教师提供更加便捷、高效的学习途径。同时，这些方法也能够适应数字化时代的教育需求，促进教师数字素养的提升。

（2）提高教学的针对性和实效性。上述教学方法注重理论与实践相结合，能够使学生将理论知识与实际应用相结合，提高学习的针对性和实效性。通过案例分析、项目驱动等方式，教师可以引导学生深入理解和掌握数字素养的相关知识和技能，提高其应用能力和创新能力。

（3）激发学生的学习兴趣和动力。上述教学方法注重学生的主体性和参与性，能够激发学生的学习兴趣和动力。通过在线学习、翻转课堂等方式，学生可以更加自主地选择学习内容和学习方式，提高学习的主动性和积极性。同时，这些方法还能够促进学生的互动交流和合作学习，提高其团队协作能力。

2.2.3.3　教学方法与提升高校教师整体数字素养的内在关系

教学方法与提升高校教师整体数字素养之间存在着紧密的内在关系。首先，教学方法是实现教学目标的关键手段，只有通过科学、合理的教学方法，才能有效地提升教师的数字素养水平。其次，教学方法能够直接影响教师的教学效果和学生的学习效果。通过采用多种教学方法，教师可以激发学生的学习兴趣和动力，提高其学习效果和满意度。同时，学生也能够通过多样化的学习方式更好地掌握数字素养的相关知识和技能。最后，教学方法还能够促进教师之间的交流与合作。通过组织工作坊、研讨会等活动，教师可以共同学习和探讨数字素养教育的最新理念和教学方法，推动数字素养教育的深入发展。

总而言之，高校教师数字素养课程的教学方法对于提升教师的数字素养水平具有重要意义。通过采用科学、合理的教学方法，可以激发教师的学习兴趣和动力，提高其学习效果和满意度。同时，这些方法还能够促进教师之间的交流与合作，推动数字素养教育的深入发展。因此，在高校教师数字素养课程的教学中，应注重教学方法的选择和运用，以提高教学质量和效果。

2.2.4　高校教师数字素养培训评价反馈

高校教师数字素养培训评价及反馈机制在整个课程设计中扮演着至关重要的角色。它不仅能够帮助培训组织者及时了解培训效果，确保培训目标的达成，还能为参训教师提供宝贵的反馈和建议。通过评价反馈，教师可以清晰地认识自己在培训中的表现，明确自己的优点和不足，从而有针对性地改进和提升。同时，评价反馈也是培训质量的重要保障，它能够确保培训内容与实际需求相契合，提高培训的针对性和实效性。因此，建立科学、有效的评价反馈机制对于提升培训质量、促进教师成长具有重要意义。

2.2.4.1　高校教师数字素养培训评价

（1）评价目标。高校教师数字素养培训评价的主要目标是衡量教师在培训过程中数字技能的提升、教学方法的改进以及实践应用能力的增强。通过评价，可以客观、全面地了解教师的培训效果，为后续的培训提供有针对性的改进建议。

（2）评价方法。高校教师数字素养培训的评价方法应多样化，包括但不限于以下几种：①理论测试：通过笔试形式，检测教师对数字素养理论知识的掌握程度。②实践操作考核：考察教师在实际操作中运用数字技能的能力，如教学软件的应用、数字资源的制作等。③教学观摩：组织专家或同行对教师进行教学观摩，评价其在教学过程中数字技能的应用情况和教学效果。④自我评价与反思：鼓励教师对自己的培训过程进行自我评价和反思，总结自己的进步与不足，提出改进建议。

（3）评价流程。高校教师数字素养培训的评价流程应包括以下几个步骤：①制订评价计划：在培训开始前，制订详细的评价计划，明确评价目标、方法、流程和时间节点。②实施评价：在培训过程中，按照评价计划进行各种形式的评价活动，收集评价数据。③数据分析与反馈：对收集到的评价数据进行统计分析，形成评价报告，并向教师反馈评价结果。④总结与改进：根据评价报告，总结培训效果，提出改进建议，为下一轮培训提供参考。

2.2.4.2　高校教师数字素养培训反馈机制

（1）反馈内容。高校教师数字素养培训的反馈内容应包括以下几个方面：①培训效果反馈：向教师反馈其在培训过程中的表现、成绩和进步情况，肯定其取得的成果。②问题与建议反馈：指出教师在培训过程中存在的问题和不足，提出具体的改进建议，帮助教师明确下一步的努力方向。③后续支持反馈：为教师提供后续学习资源和支持，如在线课程、学习资料、专家指导等，帮助教师持续提升数字素养。

（2）反馈方式。高校教师数字素养培训的反馈方式应多样化，包括但不限于以下几种：①口头反馈：在培训过程中或结束后，通过面对面交流的方式向教师提供即时反馈。②书面反馈：向教师发放评价报告或反馈信，详细记录其在培训中的表现、成绩和建议。③在线反馈：通过在线平台或社交媒体向教师提供反馈，方便教师随时查看和互动。

（3）反馈流程。高校教师数字素养培训的反馈流程应包括以下几个步骤：①收集反馈信息：通过评价、问卷、访谈等方式收集教师对培训的反馈信息。

②整理与分析：对收集到的反馈信息进行整理和分析，形成反馈报告。③提供反馈：通过适当的方式向教师提供反馈报告，并解释其含义和改进方向。④跟踪与支持：关注教师在接受反馈后的改进情况，提供必要的支持和帮助。

2.2.4.3　使用上述培训评价及反馈的原因

（1）确保培训效果。通过培训评价反馈，可以及时了解教师的培训效果，确保培训目标的实现。

（2）发现问题与不足。通过评价反馈，可以发现教师在培训过程中存在的问题和不足，为后续的改进提供依据。

（3）激励教师成长。正向的反馈可以激励教师继续努力学习、提升自我；而有针对性的建议则可以帮助教师明确自己的改进方向，促进其成长。

（4）优化培训方案。通过分析评价反馈结果，可以了解教师对培训的需求和期望，为优化培训方案提供依据。

2.2.4.4　评价反馈与圆满完成课程目标、提升高校教师整体数字素养的内在关系

评价反馈与圆满完成课程目标、提升高校教师整体数字素养之间存在着紧密的内在关系。一方面，评价反馈是确保培训效果、圆满完成课程目标的重要手段。通过评价反馈，可以及时了解教师的培训效果，发现问题并提出改进建议，从而确保培训目标的实现。另一方面，评价反馈也是提升高校教师整体数字素养的有效途径。通过正向的激励和针对性的建议，可以激发教师的学习动力和积极性，促进其数字技能的持续提升。同时，通过优化培训方案、提供后续支持等方式，可以为教师提供持续的学习机会和资源，进一步推动其数字素养的提升。因此，构建完善的高校教师数字素养培训评价及反馈机制，建立科学、有效的评价反馈流程，对于提升培训质量、促进高校教师成长、实现培训课程设计、提升高校教学质量等方面具有重要意义。

2.2 基于需求的数字素养培训课程设计

为了提升高校教师的数字素养，各类培训机构和知名高校纷纷开设数字素养培训课程。然而，如何有效地进行数字素养培训，选择何种教学方法和手段，成为摆在我们面前的重要问题。本书将对高校教师数字素养培训的教学方法与手段进行深入探讨，并解析采用这些教学方法和手段的原因，以及它们与实现课程设计和目标的内在关系。

教学方法和手段与实现课程设计和目标密不可分。首先，教学方法和手段是实现课程设计的基础和保障。只有选择了合适的教学方法和手段，才能够确保课程设计的内容得到有效传授和实施。其次，教学方法和手段是实现课程目标的关键环节。通过采用科学、合理的教学方法和手段，可以激发教师们的学习兴趣和动力，提高他们的学习效果和满意度，进而实现课程目标。最后，教学方法和手段还能够促进教师之间的交流与合作，为他们的专业发展提供有力支持。因此，在选择教学方法和手段时，我们需要充分考虑课程设计和目标的要求，确保它们之间的协调性和一致性。

2.3.1 高校教师数字素养培训的教学方法

数字素养培训的教学方法多重多样，方式不一，大多采用案例分析法、项目驱动法、翻转课堂、混合式教学等培训方法。本书着重阐述四种教学方法，并说明其在培训和教学方面的优劣点。

2.3.1.1 案例分析法

案例分析法是一种通过具体案例来探讨问题的教学方法。在数字素养培训中，我们可以选取一些典型的数字技术应用案例，让教师们通过分析案例，了解数字技术在教育教学中的应用方法和效果。这种方法能够直观地展示数字技术的实际应用，帮助教师们更好地理解数字素养的内涵和价值。

案例分析法在高校教师数字素养培训中优势越来越明显。它通过具体案例的剖析，为教师提供了一个直观、生动的学习平台。在数字素养的培训过程中，案例分析法能够帮助教师深入理解数字技术在教育教学中的实际应用和效果。

案例分析法通过展示真实场景中的数字技术应用实例，使教师们能够直观地感受到数字技术的强大功能和潜在价值。这些案例可能包括数字课堂的建设、在线课程的开发、数字化资源的制作等。它们不仅展示了数字技术的多样性，也体现了数字技术在提高教学效果、促进师生互动等方面的巨大作用。

通过强调问题的分析和解决过程，案例分析法有助于培养教师的批判性思维和解决问题的能力。在分析案例时，教师需要深入思考案例中涉及的问题、挑战和解决方案，这不仅能够锻炼他们的思维能力，还能够增强他们在实际教学中应对问题的能力。

案例分析法鼓励教师之间的交流和分享。在案例分析的过程中，教师们可以共同讨论、分享彼此的看法和经验。这不仅有助于他们深入理解案例，还能够促进他们之间的合作与协作。这种交流和分享的氛围，对于提升教师的数字素养和团队协作能力具有重要意义。

2.3.1.2　项目驱动法

项目驱动法是一种以项目为核心的教学方法，通过让教师们参与实际项目的设计和实施，来培养他们的数字素养。在数字素养培训中，我们可以设计一些与数字技术应用相关的项目，让教师们分组进行项目设计、实施和总结。这种方法能够激发教师们的实践兴趣，提高他们的实践能力和团队协作能力。

项目驱动法通过引导教师参与实际项目的设计与实施，不仅增强了学习的实践性和针对性，还极大地激发了教师的学习兴趣和动力。

在项目驱动法中，教师被赋予明确的项目任务，如开发一个在线课程、构建一个数字化教学资源库或实施一项基于大数据的教学研究。这些项目紧密围绕数字技术的应用，使教师能够在实际操作中学习和掌握相关的数字素养技能。

项目驱动法的应用，使培训过程更加贴近实际教学需求。教师在完成项目的过程中，需要综合运用所学的数字素养知识，解决实际问题，这有助于他们深入理解数字技术的价值和作用。同时，项目驱动法还鼓励教师之间的合作与交流，通过团队协作，共同完成项目任务，这有助于提升教师的团队协作能力和创新意识。

此外，项目驱动法还强调成果的展示与分享。在项目完成后，教师需要将项目成果进行展示和分享，这不仅是对自己学习成果的检验，也是与其他教师交流学习、共同进步的机会。通过成果的展示与分享，教师可以更加深入地了解数字技术在教育教学中的应用效果，为今后的教学工作提供有益的借鉴和参考。

项目驱动法不仅能够提高教师的数字素养水平，还能够培养他们的实践能力和团队协作精神，为高校教育教学的创新与发展提供有力支持。

2.3.1.3 翻转课堂

翻转课堂是一种颠覆传统课堂的教学模式。它将传统的讲授式课堂转变为以学生为中心的自主学习课堂。在数字素养培训中，我们可以利用翻转课堂的教学模式，让教师们在课前通过观看视频、阅读资料等方式进行自主学习，然后在课堂上进行小组讨论、实践操作等活动。这种方法能够充分发挥教师们的主动性，提高他们的学习效率和参与度。

翻转课堂教学法逐渐成为教育领域的一大创新。在高校教师数字素养培训中，翻转课堂教学法的应用尤为突出，其独特的教学模式为提升教师数字素养提供了有效途径。

翻转课堂教学法强调将传统课堂中的知识传授环节转移到课外，通过视频、在线课程等形式让教师自主学习，而在课堂内则侧重于问题的探讨和实践操作。在数字素养培训中，翻转课堂法使教师能够根据自身的学习进度和需求，灵活安排学习时间，深入学习数字素养相关的理论知识。

通过翻转课堂教学法，高校教师能够在课前通过观看视频、阅读资料等方式，对数字素养的基本概念、技术工具和应用场景有一个全面的了解。这种自主学习的方式不仅提高了学习效率，还培养了教师们的自主学习能力和信息筛选能力，为其在今后的教学实践中应用数字技术奠定了基础。

在课堂环节，教师们将带着自学过程中遇到的问题和疑惑，进行小组讨论和实践操作。这种互动性的学习方式有助于激发教师们的思维火花，促进他们之间的交流与合作。通过小组讨论和实践操作，教师们能够更深入地理解数字技术的实际应用，掌握数字素养的核心技能。

此外，这种教学法还强调教师作为学习引导者的角色。在培训过程中，教师需要不断引导教师学员进行思考和探索，鼓励他们提出问题和解决方案。这种教学模式有助于培养教师们的创新意识和批判性思维，为其在今后的教育教学中发挥更大的作用。

翻转课堂教学法不仅能够提高教师的数字素养水平，还能够培养他们的自主学习能力和团队协作精神，为高校教育教学的创新与发展提供有力支持。

2.3.1.4 混合式教学

混合式教学是一种将传统课堂教学与在线学习相结合的教学模式。在数字素养培训中，我们可以采用混合式教学模式，将部分课程内容放在线上进行自学，而将一些需要互动和讨论的内容放在线下进行课堂教学。这种方法能够充分利用线上资源的优势，提高教师们的学习灵活性和自主性。

作为一种结合传统课堂教学与在线学习的新型教学模式，混合式教学法展现出其独特的优势和应用价值。它有效地融合了线上学习与线下互动的优势，为提升教师数字素养提供了更为灵活和高效的学习途径。

混合式教学法充分利用了线上资源的丰富性和便捷性。在数字素养培训中，教师可以通过在线平台访问大量的数字化教学资源，如教学视频、电子课件、案例库等。这些资源为教师们提供了广泛的学习素材和参考。教师可以根据自己的学习进度和兴趣，自主选择学习内容和时间，实现个性化的学习体验。

混合式教学法还强调线下课堂的互动性和实践性。在线下课堂中，教师可以与同行进行面对面的交流和讨论，分享学习心得和经验。通过小组讨论、实践操作等活动，教师可以更加深入地理解和掌握数字技术的实际应用，提升自己的实践能力和创新能力。同时，教师之间的交流和合作也有助于形成良好的学习氛围和团队精神。

此外，混合式教学法还注重学习过程的评估和反馈。在数字素养培训中，教师可以通过在线平台完成课后作业、参与在线测试等，以检验自己的学习成果。同时，教师也可以获得来自同行的反馈和建议，从而更好地改进自己的学习方法和效果。这种及时的评估和反馈机制有助于教师及时了解自己的学习状况，调整学习策略，提高学习效率。

混合式教学法不仅充分利用了线上资源的优势，为教师们提供了广泛的学习素材和参考，还强调了线下课堂的互动性和实践性，为教师提供了良好的学习环境和交流平台。这种教学模式有助于提升教师的数字素养水平，促进教师的专业发展。

2.3.2　高校教师数字素养培训的教学手段

高校教师数字素养培训的教学手段各有优劣。在选择教学手段时，需要根据培训目标、教师需求和实际情况进行综合考虑，以最大程度地提升培训效果。同时，也可以结合多种教学手段进行混合式教学，以满足不同教师的学习需求。

2.3.2.1　数字化教学资源

数字化教学资源是数字素养培训中不可或缺的教学手段。我们可以利用数字化教学资源，如电子课件、在线视频、网络课程等，为教师们提供丰富多样的学习内容和学习途径。这些资源能够直观地展示数字技术的应用方法和效果，帮助教师们更好地理解和掌握数字素养的知识和技能。数字化教学资源展现出独特的特点。

（1）数字化教学资源具有丰富性和多样性。这些资源涵盖了从基础理论知识到实际操作技能的各个方面，为教师提供了广泛的学习选择。同时，数字化教学资源还通过多媒体形式（如视频、音频、动画等）呈现，使学习内容更加生动、直观，有助于教师更好地理解和掌握知识。

（2）数字化教学资源具有便捷性和可访问性。教师可以随时随地通过网络访问这些资源，进行自主学习和探究。这种灵活的学习方式不仅适应了教师的个性化需求，还使他们能够根据自己的时间和进度进行学习，提高了学习效率。

（3）数字化教学资源具有互动性和协作性。通过QQ群、微信群等工具，教师可以与同行进行交流和讨论，分享学习心得和经验。这种互动不仅有助于教师加深对知识的理解，还促进了他们之间的合作和协作，形成了良好的学习氛围。

（4）数字化教学资源还具有更新性和时效性。随着技术的不断发展和教育教学的不断改革，数字化教学资源也在不断更新和完善。教师可以及时获取最新的教学资源，了解最新的教育技术和教学方法，保持与时俱进。

数字化教学资源具有丰富性、多样性、便捷性、可访问性、互动性和协作性等特点。这些特点不仅提升了培训的效果和质量，还使学习过程更加灵活、多样和互动。

2.3.2.2 实践教学环境

实践教学环境是培养教师们数字素养的重要场所。我们可以利用学校的教学实验室、多媒体教室等实践教学环境，为教师们提供实践操作的机会和条件。通过实践操作，教师们可以更加深入地了解数字技术的应用方法和技巧，提高他们的实践能力和创新意识。实践教学环境的特点主要体现在以下几个方面：

（1）实践教学环境具有高度的真实性和模拟性。在教师数字素养培训中，实践教学环境能够模拟真实的教学场景，使教师能够在实际操作中学习和掌握数字技术的运用。这种真实性和模拟性有助于教师更好地理解数字技术的实际应用，从而提升他们的数字素养。

（2）实践教学环境注重教师的参与和体验。与传统教学模式相比，实践教学环境更加注重教师的参与和体验。在这种环境中，教师需要亲自动手操作、实践，通过不断的尝试和探索来掌握数字技术的运用。这种参与和体验的方式有助于教师更深入地理解数字技术的内涵和价值，从而提升他们的数字素养。

（3）实践教学环境具有灵活性和多样性。实践教学环境可以根据不同的培训目标和需求进行灵活的设计和调整。例如，可以设计不同的教学场景、教学任务和实践活动，以满足不同教师的学习需求。同时，实践教学环境还可以采用多种教学方法和手段，如案例分析、小组讨论、实践操作等，使学习过程更加多样化、丰富化。

（4）实践教学环境强调教师的反思和总结。在实践教学环境中，教师需要不断地反思和总结自己的学习过程和经验。通过反思和总结，教师可以更好地认识自己的不足和优势，从而调整学习策略和方法，进一步提升自己的数字素养。

实践教学环境具有高度的真实性和模拟性、注重教师的参与和体验、灵活性和多样性以及强调教师的反思和总结等特点。

2.3.2.3　专家讲座与指导

专家讲座与指导是提升教师们数字素养的有效途径。我们可以邀请数字领域的专家学者进行讲座和指导，分享他们在数字技术应用方面的经验和心得。通过与专家们的交流和互动，教师们可以更加深入地了解数字技术的最新发展和应用趋势，拓宽他们的视野和思路。其特点主要体现在以下几个方面：

（1）专家讲座与指导具有权威性和专业性。在数字素养培训中，邀请业内专家进行讲座和指导，能够确保培训内容的权威性和专业性。专家们凭借深厚的学术背景和实践经验，能够深入浅出地讲解数字技术的最新发展、应用趋势以及在教育教学中的重要作用，为教师们提供宝贵的学习机会。

（2）专家讲座与指导具有针对性和实用性。专家们在讲座和指导过程中，通常会针对教师们的实际需求和学习难点进行精准的分析和解答。他们不仅能够提供理论知识的传授，还能够结合具体案例和实践经验，为教师们提供实用的操作技巧和解决方案。这种具有针对性和实用性的讲座与指导，使教师们能够更快速地掌握数字技术的运用，提升他们的数字素养。

（3）专家讲座与指导具有启发性和互动性。专家们的讲座往往富有启发性和思考性，能够激发教师们的创新思维和想象力。在讲座过程中，专家们会鼓励教师们积极提问、参与讨论，与他们进行深入的交流和互动。这种互动不仅有助于教师们加深对知识的理解和记忆，还能够促进他们之间的合作和分享，形成良好的学习氛围。

（4）专家讲座与指导具有持续性和跟进性。数字技术的发展日新月异，教师们的数字素养也需要不断更新和提升。因此，专家讲座与指导不应该是一次性的活动，而应该是一个持续的过程。专家们可以通过定期的讲座、线上指导、答疑等方式，为教师们提供持续的学习支持和帮助，确保他们的数字素养能够与时俱进。

专家讲座与指导具有权威性和专业性、针对性和实用性、启发性和互动性以及持续性和跟进性等特点，有助于教师们更好地适应信息化时代的教育教学需求。

2.3.3　采用这些教学方法和手段的原因

教学方法和手段与实现课程设计和目标密切相关。首先，教学方法和手段是实现课程设计的基础和保障。只有选择了合适的教学方法和手段，才能够确保课程设计的内容得到有效地传授和实施。其次，教学方法和手段是实现课程目标的关键环节。采用科学、合理的教学方法和手段，可以激发教师们的学习兴趣和动力，提高他们的学习效果和满意度，进而实现课程目标。最后，教学方法和手段还能够促进教师之间的交流与合作，为他们的专业发展提供有力支持。因此，在选择教学方法和手段时，我们需要充分考虑课程设计和目标的要求，确保它们之间的协调性和一致性。

下面着重阐述采取上述培训教学方法和手段的原因。

2.3.3.1 符合时代需求

无论采用哪种培训模式，都是业界验证过的，具有一定科学性、可操作性，符合信息化时代的发展需求。数字化、网络化、智能化等技术的发展使传统教学模式受到挑战，需要引入新的教学方法和手段来适应这些变化。上述教学方法和手段能够更好地激发教师们的学习兴趣和动力，提高他们的学习效果和满意度。

2.3.3.2 提高教学效果的要求

采用科学的教学方法和手段能够提高数字素养培训的教学效果。通过案例分析、项目驱动等方法，教师们可以更加深入地了解数字技术的实际应用和效果；通过翻转课堂、混合式教学等手段，教师们可以更加灵活地安排学习时间和进度，提高学习效率。同时，这些教学方法和手段还能够促进教师之间的交流与合作，提高他们的团队协作能力。

2.3.3.3 促进教师专业发展的要求

采用上述教学方法和手段还能够促进教师的专业发展。通过数字素养培训，教师们可以掌握更多的数字技能和应用方法，提高他们的教学水平和科研能力。同时，这些教学方法和手段还能够培养教师们的创新意识和实践能力，为他们的专业发展奠定坚实的基础。

2.3.4 多重培训模式的优劣对比

在探讨教师数字素养培训时，数字化教学资源、实践教学环境以及专家讲座与指导等培训模式各自具有其独特的优势和局限性。本书尝试从多角度、多层次来分析这些培训模式在教师数字素养培训方面优劣，对其特点进行详细比较。

2.3.4.1 数字化教学资源优势

（1）丰富性和多样性。数字化教学资源为教师提供了广泛的学习材料，包括电子书籍、在线视频、互动课件等，涵盖了从基础理论知识到高级应用技能的各个方面。这种多样性有助于教师根据个人兴趣和需求进行自主学习。

（2）便捷性和可访问性。数字化教学资源允许教师随时随地进行学习，不受时间和地点的限制。教师可以通过互联网轻松访问这些资源，进行个性化的学习安排。

（3）更新性和时效性。数字化教学资源能够随着技术的发展和教育理念的更新而不断更新和完善。教师能够及时获取最新的教学资源，跟上时代的步伐。

2.3.4.2　数字化教学资源劣势

（1）自律性要求。数字化教学资源需要教师具备较高的自律性和时间管理能力。没有固定的学习时间和地点，教师容易分心或拖延学习进度。

（2）技术依赖。数字化教学资源需要稳定的网络环境和计算机设备支持。如果网络不稳定或设备出现故障，可能会影响学习效果。

（3）缺乏互动。虽然数字化教学资源提供了丰富的学习材料，但缺乏面对面的交流和互动。这可能导致教师在学习过程中感到孤独和困惑，无法及时得到解答和帮助。

2.3.4.3　实践教学环境优势

（1）真实性和模拟性。实践教学环境能够模拟真实的教学场景，使教师能够在实际操作中学习和掌握数字技术的运用。这种真实性和模拟性有助于教师更好地理解数字技术的内涵和价值。

（2）参与性和体验性。实践教学环境注重教师的参与和体验。教师需要亲自动手操作、实践，通过不断尝试和探索来掌握数字技术的运用。这种参与和体验的方式有助于教师更深入地理解数字技术的运用。

（3）灵活性和多样性。实践教学环境可以根据不同的培训目标和需求进行灵活的设计和调整。教师可以根据自己的兴趣和需求选择不同的实践活动和任务，使学习过程更加多样化、丰富化。

2.3.4.4　实践教学环境劣势

（1）资源限制。实践教学环境需要一定的设备和场地支持。如果资源有限，可能会限制实践活动的规模和效果。

（2）时间限制。实践教学环境通常需要在特定的时间和地点进行。这可能会给教师带来一定的时间和精力负担。

（3）缺乏系统性。虽然实践教学环境注重实践操作，但可能缺乏系统性的理论指导和总结。这可能导致教师在学习过程中无法形成完整的知识体系。

2.3.4.5 专家讲座与指导优势

（1）权威性和专业性。专家讲座与指导通常由业内专家进行，具有较高的权威性和专业性。专家们凭借深厚的学术背景和实践经验，能够为教师提供权威、专业的指导和建议。

（2）针对性和实用性。专家讲座与指导通常针对教师的实际需求和学习难点进行精准的分析和解答。专家们能够提供实用的操作技巧和解决方案，帮助教师解决实际问题。

（3）启发性和互动性。专家讲座与指导往往富有启发性和思考性，能够激发教师的创新思维和想象力。在讲座过程中，专家们会鼓励教师积极提问、参与讨论，与他们进行深入的交流和互动。

2.3.4.6 专家讲座与指导劣势

（1）时间和地点限制。专家讲座与指导通常需要在特定的时间和地点进行。这可能会给教师带来一定的时间和精力负担。

（2）信息量较大。专家讲座与指导往往涵盖较多的内容，信息量较大。如果教师没有做好充分的准备和预习，可能会感到难以消化和吸收。

（3）依赖专家水平。专家讲座与指导的质量和效果往往取决于专家的水平和经验。如果专家水平不高或经验不足，可能会影响讲座的质量和效果。

（4）学员盲目信赖。专家头上有诸多光环，通常是学术和业界权威，无形中给了学员们压力，导致他们不敢提问题，害怕创新或提出的观点与专家冲突，而错过了发现新观点的契机。

“世界上最大的完美就是拥有不完美。”数字化教学资源、实践教学环境以及专家讲座与指导等培训模式在教师数字素养培训方面各有优劣。在实际应用中，应根据培训目标、课程设置、教学模式、学员需求，以及实际情况进行综合考虑和选择，以充分发挥各种培训模式的优势，提升教师的数字素养水平。

第 3 章　高校教师数字素养与课堂教学

高校教师数字素养与课堂教学之间存在着深层次的联系。它不仅体现在课堂教学设计的创新上，也体现在教学工具与资源在数字化课堂上的应用、个性化教学与数字素养的结合以及数字素养对课堂教学效果的影响等多个方面。因此，高校教师应该不断提升自己的数字素养水平，以适应数字化时代的教育需求和发展趋势。下面从课堂教学设计与数字素养、教学工具与资源在数字化课堂上的应用、个性化教学与数字素养结合、数字素养对教师课堂教学效果的影响等方面进行阐述，努力找到其相互影响的内在联系，发现其规律并使用之。

（1）课堂教学设计与数字素养。课堂教学设计是教学活动的核心，它决定了教学内容、教学方法和教学效果。在数字化时代，高校教师的数字素养对课堂教学设计产生了深远的影响。首先，数字素养使教师能够更加灵活地选择和使用教学资源。教师可以通过互联网获取大量的数字化教学资源，如电子教材、在线视频、虚拟实验室等，这些资源不仅丰富了教学内容，也提高了学生的学习兴趣和积极性。同时，教师还可以通过社交媒体、QQ 群、微信群等渠道与学生进行互动和交流，及时了解学生的学习情况和需求，为课堂教学设计提供有益的参考。其次，数字素养促进了课堂教学方法的创新。在数字化课堂上，教师可以利用多种教学工具和技术手段，如多媒体课件、在线测试系统、虚拟现实技术等，来辅助教学。这些工具和技术手段不仅提高了教学效果，也使课堂教学更加生动、有趣和富有互动性。例如，教师可以通过虚拟现实技术为学生创造沉浸式的学习体验，让学生在虚拟环境中进行实践操作和探究学习；教师还可以利用在线测试系统对学生进行实时评估和反馈，帮助学生及时发现问题并改进学习方法。

（2）教学工具与资源在数字化课堂上的应用。在数字化课堂上，教学工具与资源的应用是体现教师数字素养的重要方面。这些工具和资源的应用不仅提高了课堂教学的效率和质量，也为学生提供了更加丰富和多元的学习体验。首先，数字化教学工具如电子白板、智能投影仪等使课堂教学更加直观、生动和高效。教师可以通过这些工具将教学内容以图文并茂的方式呈现给学生，帮助学生更好地理解和掌握知识。同时，这些工具还支持互动和协作功能，使教师和学生之间可以进行更加紧密的交流和合作。其次，数字化教学资源如电子教材、在线视频等为学生提供了更加便捷和灵活的学习方式。学生可以通过手机、电脑等终端设备随时随地进行学习，不再受时间和地点的限制。这些资源还支持个性化学习路径和自适应学习系统，能够根据学生的实际情况和学习进度提供定制化的学习内容和反馈。

（3）个性化教学与数字素养结合。个性化教学是现代教育的重要趋势之一。它强调根据学生的特点和需求量身定制学习计划，培养学生的自主学习和问题解决能力。在数字化时代，高校教师的数字素养为个性化教学的实施提供了更多的可能性和手段。一方面，教师可以通过数字化教学平台了解学生的学习情况和需求，为学生制订个性化的学习计划和学习路径。这些计划可以根据学生的实际情况和学习进度进行调整和优化，以满足学生的个性化需求。另一方面，数字化教学资源为个性化教学提供了丰富的学习材料和工具。学生可以根据自己的兴趣和特长选择适合自己的学习内容和方式，如在线课程、虚拟实验室等。这些资源和工具不仅提高了学生的学习兴趣和积极性，也促进了学生的自主学习和创新能力的发展。

（4）数字素养对课堂教学效果的影响。高校教师的数字素养对课堂教学效果产生积极的影响。首先，数字素养提高了教师的教学能力和水平。教师通过学习和应用数字化教学工具和资源，不断提升自己的教学技能和教学方法，使课堂教学更加生动、有趣和富有互动性。这些改进不仅提高了学生的学习兴趣和积极性，也促进了学生的全面发展。其次，数字素养促进了师生之间的交流和互动。在数字化课堂上，教师可以通过社交媒体、QQ 群、微信群等渠道与学生进行实时交流和互动，及时了解学生的学习情况和需求，为学生提供个性化的指导和帮助。这种交流和互动不仅加深了师生之间的了解和信任，也提高了教学效果和学生的学习体验。

3.1 数字素养与课堂教学设计

高校教师数字素养与大学课堂教学设计的关系，以及两者相互促进、相互影响，对于高校教学质量的提升有积极的正面影响。以下是对这一观点的详细阐述。

（1）高校教师数字素养与大学课堂教学设计的关系。高校教师的数字素养，指的是他们在数字化环境中进行教学、学习和研究的能力，包括数字工具的运用、数字资源的获取与处理、数字教学的设计与实施等。而大学课堂教学设计，则是教师根据教学目标、学生特点、教学内容等要素，对教学活动进行规划、组织、实施和评估的过程。这两者之间存在着密不可分的关系。首先，高校教师的数字素养是课堂教学设计的基础。在数字化时代，课堂教学设计不再局限于传统的黑板和教科书，需要借助各种数字化工具和资源来丰富教学内容、创新教学方法。高校教师的数字素养决定了他们能否熟练掌握并运用这些数字化工具和资源，进而设计出富有创新性、实效性和趣味性的课堂教学方案。其次，课堂教学设计是提升教师数字素养的重要途径。通过不断地进行课堂教学设计与实践，教师可以不断尝试新的数字化教学工具和方法，积累丰富的数字化教学经验，从而不断提升自己的数字素养水平。同时，课堂教学设计也是教师将数字素养转化为实际教学能力的过程，有助于教师更好地将数字化教学理念和技能融入课堂教学中。

（2）高校教师数字素养与大学课堂教学设计的相互促进、相互影响。高校教师数字素养与大学课堂教学设计之间是相互促进、相互影响的。具体来说，主要体现在以下几个方面。

第一，教学方法的创新与数字化工具的运用。高校教师的数字素养水平越高，他们就越能够熟练掌握并运用各种数字化教学工具，如多媒体课件、在线教学平台、虚拟现实技术等。这些数字化工具的运用不仅可以丰富教学内容、提高教学效果，还可以促进教学方法的创新。例如，教师可以通过虚拟现实技术为学生创造沉浸式的学习体验，让学生在虚拟环境中进行实践操作和探究学习；还可以利用在线教学平台实现远程教学和协作学习等。这些创新的教学方法可以激发学生的学习兴趣和积极性，提高学生的学习效果。

同时，课堂教学设计的创新也会推动教师数字素养的提升。教师在设计课堂教学时，需要不断尝试新的数字化教学工具和方法，以满足学生的学习需求和提高教学效果。这种尝试和探索的过程就是教师数字素养不断提升的过程。

第二，教学内容的拓展与数字资源的获取与处理。高校教师的数字素养使他们能够轻松地获取和处理各种数字资源，如电子教材、在线课程、网络视频等。这些数字资源的获取与处理不仅可以丰富教学内容、拓展学生的知识视野，还可以提高教学效率和效果。例如，教师可以通过网络搜索获取最新的学术研究成果和行业动态，将其融入课堂教学，还可以利用在线课程平台为学生提供更多的学习资源和选择。

同时，课堂教学设计的需要也会促进教师对数字资源的获取与处理能力的提升。教师在设计课堂教学时，需要根据教学目标和学生特点选择合适的数字资源，并对其进行有效的处理和组织。这种处理和组织的过程需要教师具备一定的数字素养和技能。

第三，教学质量的提升与学生能力的培养。高校教师数字素养与课堂教学设计的相互促进、相互影响最终会体现在教学质量的提升和学生能力的培养上。一方面，教师的数字素养水平越高，他们就越能够设计出富有创新性、实效性和趣味性的课堂教学方案，从而提高教学质量和效果；另一方面，课堂教学设计的创新也会激发学生的学习兴趣和积极性，提高他们的学习效果和综合能力。这种相互促进、相互影响的关系有助于实现高校教学质量的持续提升和学生能力的全面发展。

总之，高校教师数字素养与大学课堂教学设计相互促进、相互影响。提升高校教师的数字素养水平、创新课堂教学设计是提升高校教学质量、培养学生能力的重要途径。因此，高校应该重视教师的数字素养培训和教育技术的普及应用，鼓励教师进行教学设计和创新实践，为培养具有创新精神和实践能力的高素质人才奠定坚实基础。

3.1.1 当前课堂教育设计的不足及其影响

无须赘言，数字化教学已经成为高等教育领域的重要趋势。但由于部分高校教师数字素养不足，导致课堂教育设计存在不足和缺陷，这不仅影响了学生的学习兴趣，还制约了高校教学质量的提升，进一步影响了大学生的数字化水平和综合能力的发展。

3.1.1.1 当前高校教师数字素养不足的现状

当前，尽管许多高校已经开始重视教师数字素养的培养，但由于多种原因，部分教师的数字素养仍然不足。这些原因包括：高校对教师数字素养培养的投入不足，缺乏系统的培训体系；教师自身对数字化教学的认识不足，缺乏学习和应用的动力；高校评价体系中对数字化教学的重视不够，导致教师缺乏改进的动力等。

由于这些原因，许多教师在数字化教学方面的能力仍然有限，无法充分利用数字技术和资源进行教学设计，导致课堂教育设计存在不足和缺陷。

3.1.1.2 课堂教育设计的不足

（1）教学内容单一乏味。由于教师数字素养不足，他们往往无法获取和处理丰富的数字资源，导致教学内容单一乏味，缺乏新颖性和吸引力。这使得学生在课堂上难以保持持续的学习兴趣，影响了学习效果。

（2）教学方法陈旧落后。数字素养不足的教师往往习惯于采用传统的教学方法，如讲授法、演示法等，缺乏创新和变革。这些方法无法充分激发学生的主动性和创造性，也无法满足数字化时代学生的学习需求。

（3）教学互动不足。数字化教学的一个重要特点是能够实现师生之间的实时互动。然而，由于教师数字素养不足，他们往往无法充分利用数字化工具进行互动式教学设计，导致课堂互动不足，学生参与度低。

（4）教学评估单一。在数字化教学中，教学评估应该更加多元化和个性化。然而，由于教师数字素养不足，他们往往只能采用传统的考试方式进行评估，无法充分利用数字化工具进行个性化评估和反馈。

3.1.1.3　对大学生学习兴趣和高校教学质量的影响

（1）大学生学习兴趣不高。由于课堂教育设计的不足和缺陷，大学生在课堂上难以保持持续的学习兴趣。他们可能觉得课程内容枯燥无味，教学方法陈旧落后，无法激发他们的学习热情和动力。这会导致大学生在课堂上分心、走神甚至逃课，进一步影响学习效果。

（2）高校教学质量不高。教师的数字素养不足会直接影响教学质量。他们可能无法充分利用数字技术和资源进行教学设计，导致教学内容单一乏味、教学方法陈旧落后、教学互动不足等问题。这些问题会使学生难以掌握和理解知识，降低学习效果。同时，教师也可能因为缺乏数字化教学能力而无法有效应对学生的个性化需求和学习问题，导致教学质量下降。

3.1.1.4　对大学生数字化水平和综合能力的影响

（1）大学生数字化水平不高。教师数字素养不足导致的教学设计缺陷和不足，使大学生在数字化学习方面的能力得不到充分的培养和提升。他们可能缺乏必要的数字化技能和工具应用能力，无法充分利用数字资源进行学习和研究。这会导致他们在未来的学习和工作中面临更大的挑战和困难。

（2）大学生综合能力欠缺。数字素养不仅是技术层面的能力，更是一种思维方式和综合能力。教师数字素养不足导致的教学设计缺陷和不足，使大学生在综合能力培养方面也存在欠缺。他们可能缺乏创新思维、批判性思维等关键能力，无法适应快速变化的社会环境和职业需求。

高校教师数字素养不足的现状对课堂教育设计、学生学习兴趣和高校教学质量产生了负面影响。为了提升大学生的数字化水平和综合能力，高校应该加强教师数字素养的培养和提升，如建立完善的数字素养培训体系，为教师提供系统的学习和培训机会；鼓励教师进行教学设计创新，支持他们尝试新的教学方法和手段；加强教学资源整合与共享工作，为教师提供更加丰富和优质的教学资源；完善教学评价体系，将数字化教学能力纳入评价范畴等。通过这些措施的实施，逐步提升高校教师的数字素养水平，进而改善课堂教育设计质量，提高学生的学习兴趣和高校教学质量，最终促进大学生数字化水平和综合能力的提升和高校教学质量大幅度提升。

3.1.2 数字素养与课堂教学设计的辩证关系

随着 IT 和多媒体技术的迅猛发展，高校教学领域传统教学模式逐渐被淘汰、被边缘化，而教学质量在数字信息技术的支持下开始内卷化，逐渐成为决定高校教育质量高低的决定性因素。高校教师数字素养的高低直接影响大学课堂教学设计的质量和效果。本小节旨在探讨高校教师数字素养与大学课堂教学设计的关系、影响，并分析两者如何相互促进、相互影响。同时，针对当前高校在数字素养培养和教学设计方面存在的不足进行分析，提出相应的建议。

3.1.2.1 数字素养与大学课堂教学设计的关系

高校教师数字素养是指教师在数字化环境下进行教学、研究和学习所需具备的能力，包括信息技术应用能力、数字资源获取与处理能力、数字化教学设计能力等。大学课堂教学设计则是教师根据教学目标、学生特点和教学资源，对教学活动进行规划、组织和实施的过程。两者之间存在密切的关系。

（1）高校教师数字素养是大学课堂教学设计的基础。一个具备较高数字素养的教师，能够熟练掌握和运用信息技术，获取和处理数字资源，从而设计出更加符合数字化教学要求的教学方案。同时，教师还能够利用数字化工具对学生的学习过程进行监控和评估，及时调整教学策略，提高教学效果。

（2）大学课堂教学设计是教师数字素养的体现。课堂教学设计是教师将教学理念、教学方法和教学资源相结合，形成具体教学方案的过程。在这个过程中，教师需要运用自己的数字素养，对教学资源进行筛选、整合和优化，使教学方案更加符合学生的需求和兴趣。同时，教师还需要根据学生的反馈和评估结果，不断调整和优化教学设计，以提高教学质量。

3.1.2.2 数字素养对大学课堂教学设计的影响

高校教师数字素养对大学课堂教学设计的影响主要体现在以下几个方面：

（1）推动教学理念的更新。具备较高数字素养的教师，能够更加深入地理解数字化教学的特点和优势，从而更新自己的教学理念。他们更加注重学生的主体地位，强调学生的自主学习和创新能力培养，使教学更加符合时代要求。

(2)拓展教学资源的来源。数字素养较高的教师能够熟练地从互联网上获取和处理各种教学资源，包括电子教材、网络课程、多媒体素材等。这些资源丰富了教学内容，使教学更加生动、有趣，富有启发性。

(3)创新教学方法和手段。数字素养较高的教师能够灵活运用各种数字化工具进行教学设计，如使用多媒体教学课件、在线教学平台、虚拟实验室等。这些教学方法和手段能够激发学生的学习兴趣和积极性，提高教学效果。

3.1.2.3 高校教师数字素养与大学课堂教学设计的相互促进、相互影响

高校教师数字素养与大学课堂教学设计之间存在相互促进、相互影响的关系。一方面，教师数字素养的提升有助于改进课堂教学设计，使教学更加符合数字化教学的要求；另一方面，课堂教学设计的优化又能够反过来促进教师数字素养的进一步提高。这种相互促进、相互影响的关系使两者在高等教育中形成了良性循环。

3.1.2.4 当前高校在数字素养培养和教学设计方面存在的不足

尽管高校教师数字素养与大学课堂教学设计之间存在着密切的关系和相互影响，但当前高校在数字素养培养和教学设计方面仍存在一些不足之处：

(1)数字素养培养不够系统。一些高校在数字素养培养方面缺乏系统性和针对性，导致教师数字素养参差不齐。部分教师可能只掌握了基本的信息技术应用，但缺乏深入的理解。

(2)教学设计创新不足。一些教师在进行教学设计时仍然沿用传统的教学方法和手段，缺乏创新和变革。他们可能没有充分利用数字化工具和资源来改进教学方案，导致教学效果不佳。

(3)教学资源整合能力有限。一些教师在进行教学设计时可能只关注于自己的教学内容和教学资源，而缺乏对其他学科和领域资源的整合和利用。这可能导致教学内容过于单一和片面，无法满足学生的多样化需求。

由此可见，高校教师数字素养与大学课堂教学设计之间存在着密切的关系和相互影响。为了提升高等教育质量和大学生综合素质水平，高校应该加强教师数字素养的培养和教学设计的创新。具体而言，可针对上述问题对症下药，采取一系列改进措施，如前文中提及的，建立系统的数字素养培训体系、鼓励教师进行教学设计创新、设立相关的教学设计比赛和奖励机制、加强教学资源整合与共享、建立教学资源库和在线学习平台等机制，方便教师获取和使用教学资源等多重手段和策略。

3.1.3 教师数字素养促进课堂教学质量

随着 IT 技术的飞速发展，数字技术和基于数字技术产生的数字教学工具应用能力已成为高校教师必备的核心能力之一。一个高校的整体教学水平、科研水平的高低直接由教师数字素养水平决定。数字素养不仅指教师运用数字技术进行教学和科研的能力，更包含对数字信息的理解、分析、评价和创新应用的综合能力。在高等教育领域，教师的数字素养对于促进课堂教学设计、激发学生的学习兴趣、推动教学创新以及提升大学生的综合素质等方面，具有至关重要的作用。本小节将从这四个方面详细阐述高校教师数字素养的重要性，并探讨其对提升高校教学质量和发展我国高等教育的深远影响。

3.1.3.1 教师数字素养促进课堂教学设计

（1）教学资源的数字化整合。拥有良好数字素养的高校教师，能够熟练运用各种数字工具和平台，将海量的教学资源进行有效整合，为课堂教学提供丰富多样、高质量的内容。这不仅拓宽了学生的知识视野，也增强了课堂教学的趣味性和互动性。

（2）教学策略的个性化设计。数字素养使教师能够深入了解学生的学习特点和需求，利用大数据分析和人工智能技术，为每位学生提供个性化的学习方案和教学策略。这种精准化的教学设计，有助于实现因材施教，提高教学效果。

（3）教学环境的智能化改造。通过数字技术的应用，教师可以构建智能化的教学环境，如智能教室、虚拟实验室等，为学生提供沉浸式的学习体验。这种环境不仅能激发学生的学习兴趣，也能培养学生的创新思维和实践能力。

3.1.3.2 高校教师数字素养激发学生学习兴趣

（1）创新教学形式的探索。数字素养使教师能够尝试更多创新教学形式，如翻转课堂、混合式教学等。这些新型的教学方式更加注重学生的主体地位，鼓励学生自主学习和合作探究，从而激发学生的学习兴趣和积极性。

（2）互动学习平台的搭建。利用数字工具搭建互动学习平台，如在线讨论区、学习社区等，可以让学生随时随地进行学习和交流。这种互动性的学习方式不仅提高了学生的学习效率，也培养了学生的团队协作能力和沟通能力。

（3）学习成果的多元化展示。数字素养使教师能够采用更多元化的方式展示学生的学习成果，如电子作品集、数字动画等。这种展示方式不仅让学生感受到学习的成就感，也能激发他们继续探索和创新的动力。

3.1.3.3 高校教师数字素养推动教学创新

（1）教学理念的更新。数字素养使教师能够接触到更多前沿的教育理念和教学方法，从而不断更新自己的教学理念。这种理念的更新有助于推动教学创新，实现教育的可持续发展。

（2）教学模式的变革。数字素养的提升使教师能够探索更多元化的教学模式，如基于项目的学习、问题导向的学习等。这些新型的教学模式注重学生的实践能力和创新能力的培养，有助于培养更多符合社会需求的高素质人才。

（3）教学评价的多元化。数字技术的应用使教学评价更加多元化和科学化。教师可以通过在线测试、数据分析等方式全面了解学生的学习情况，为教学改进提供有力支持。

3.1.3.4　教师数字素养提升大学生综合素质及高校教育质量

（1）综合素质的提升。教师数字素养的培养和应用，使学生的综合素质得到了全面提升。他们不仅掌握了更多的知识和技能，还培养了创新思维、实践能力、团队协作能力等软技能，为未来的职业发展奠定了坚实基础。

（2）教育质量的提升。高校教师的数字素养提升了教学质量和效率。通过数字化教学设计和创新教学方法的应用，学生的学习成果得到了显著提升，教育质量也得到了保障。

（3）高等教育的发展。高校教师的数字素养对于我国高等教育的发展具有重要意义。它不仅提升了高校的教学水平和科研实力，也推动了高等教育的国际化和现代化进程。随着数字技术的不断发展和应用，我国高等教育将迎来更加广阔的发展空间和机遇。

不难看出，高校教师的数字素养对于促进课堂教学设计、激发学生的学习兴趣、推动教学创新以及提升大学生的综合素质等方面具有重要作用。因此，我们应该高度重视高校教师的数字素养培养和应用工作，为我国高等教育的发展提供有力支持。

3.1.4　数字素养对课堂教学设计的影响

在互联网时代，尤其是移动互联网已经进入生活、教育、工作等方方面面，高校教师的数字素养不仅指教师运用数字技术进行教学和科研的能力，更包含对数字信息的理解、分析、评价和创新应用的综合能力。本小节将重点探讨高校教师的数字素养如何影响课堂教学设计，特别是如何利用现有教育资源、互联网信息共享来促进学生学习兴趣、提升大学生综合素质以及提高高等教育教学质量等方面。

3.1.4.1　充分利用现有教育资源

（1）整合数字化教学资源。高校教师的数字素养使他们能够轻松获取、筛选和整合各种数字化教学资源，如电子教材、在线课程、教学视频等。这些资源不仅丰富了教学内容，还为学生提供了多样化的学习选择。通过整合这些资源，教师可以设计出更具针对性和实效性的课堂教学方案，满足不同学生的学习需求。

(2)充分运用多媒体教学手段。数字素养使高校教师能够熟练运用多媒体教学手段，如 PPT、音频、视频等，将抽象的知识以直观、生动的形式呈现给学生。多媒体教学手段能够激发学生的学习兴趣，提高他们的学习积极性。同时，多媒体教学手段还能够帮助学生更好地理解和掌握知识，提高他们的学习效率。

3.1.4.2 互联网信息共享对课堂教学设计的影响

(1)拓宽信息获取与共享渠道。互联网信息共享为高校教师提供了更广阔的信息获取与共享渠道。教师可以通过互联网获取最新的教学动态、研究成果和教学资源，了解学科前沿和发展趋势。同时，教师还可以利用互联网将自己的教学经验和成果分享给同行和学生，促进教学交流和合作。这种信息共享机制有助于丰富课堂教学内容，提高教学质量。

(2)构建互动式教学环境。互联网信息共享还为高校教师构建互动式教学环境提供了有力支持。教师可以通过在线教学平台、社交媒体等工具与学生进行实时互动和交流，及时了解学生的学习情况和反馈意见。这种互动式教学方式能够激发学生的学习兴趣和主动性，培养他们的自主学习能力和创新思维。同时，教师还可以通过互动式教学环境收集学生的学习数据和行为信息，为个性化教学提供有力支持。

3.1.4.3 促进学生学习兴趣与提升综合素质

(1)激发学生学习兴趣的多样化教学方法。高校教师的数字素养使他们能够设计出更加多样化、富有创新性的教学方法，以激发学生的学习兴趣。例如，教师可以通过案例分析、角色扮演、游戏化教学等方式将知识融入实际情境中，让学生在参与和体验中学习和成长。这种教学方法能够让学生在轻松愉快的氛围中掌握知识，提高他们的学习兴趣和积极性。

(2)提升学生综合素质的跨学科融合教学。数字素养使高校教师能够跨越学科界限，将不同学科的知识和技能进行融合教学。这种跨学科融合教学有助于培养学生的综合素质和创新能力，使他们具备更广泛的知识面和更强的适应能力。同时，跨学科融合教学还能够帮助学生建立系统的知识体系，提高他们的综合素质和竞争力。

3.1.4.4 提高高等教育教学质量

(1)实现个性化教学。高校教师的数字素养使他们能够利用大数据和人工智能等技术手段实现个性化教学。通过对学生的学习数据和行为信息进行分析和挖掘，教师可以了解学生的学习特点和需求，为他们提供个性化的学习方案和教学策略。这种个性化教学方式能够更好地满足学生的学习需求，提高他们的学习效果和满意度。

（2）及时得到教学效果的评估与反馈。数字素养还使高校教师能够利用数字工具对教学效果进行评估。教师可以通过在线测试、问卷调查等方式收集学生的学习数据和反馈意见，对教学过程进行及时反思和改进。这种评估与反馈机制有助于提高教师的教学水平和能力，促进教学质量的不断提升。

通过以上四点不难看出，高校教师群体的数字素养对大学课堂教学设计具有积极的影响。若能通过充分利用现有教育资源、互联网信息共享以及创新教学方法等手段，教师可以设计出更具针对性和实效性的课堂教学方案，激发学生的学习兴趣和主动性，提升他们的综合素质和竞争力，从而提高我国高等教育教学质量和水平。

3.2　教学工具与资源在数字化课堂中的应用

教学工具与资源在数字化课堂中的应用之间的关系，以及两者如何相互促进、相互影响，进而对高校教学质量和大学生综合素质水平的提升产生积极影响，是当今教育领域值得关注的话题。本节将对这一主题进行简要阐述。

（1）教学工具与资源在数字化课堂中的应用关系。在数字化课堂中，教学工具与资源是不可或缺的两个要素。教学工具是指用于辅助教学的各种技术手段和设备，如多媒体课件、在线教学平台、虚拟现实技术等；而教学资源则是指在教学过程中使用的各种材料和信息，如电子教材、网络视频、数据库等。这两者之间存在着密切的关系，相互依存、相互促进。首先，教学工具是教学资源得以有效应用的载体。在数字化课堂中，教学资源需要通过教学工具来呈现给学生，以便学生能够更好地理解和掌握知识。例如，教师可以通过多媒体课件将电子教材的内容以图文并茂的形式展示给学生，使学生更加直观地了解知识点；还可以利用在线教学平台为学生提供丰富的学习资源和互动机会，促进学生的自主学习和协作学习。其次，教学资源是教学工具发挥作用的基础。教学工具的作用在于辅助教学，而教学资源则是教学工具发挥作用的基础。没有丰富的教学资源作为支撑，教学工具的作用将大打折扣。因此，教师在选择和使用教学工具时，需要根据教学目标和学生特点，精心挑选和整合各种教学资源，以确保教学工具能够发挥最大的作用。

（2）教学工具与资源在数字化课堂中相互促进、相互影响。教学工具与资源在数字化课堂中相互促进、相互影响，主要体现在以下几个方面：①提高教学效率和效果。教学工具与资源的有效应用可以极大地提高教学效率和效果。通过数字化教学工具，教师可以轻松地制作和展示多媒体课件、在线测试等教学资源，使教学过程更加生动、有趣和高效。同时，学生也可以通过数字化教学工具随时随地进行学习，不受时间和地点的限制。这种教学方式不仅提高了学生的学习兴趣和积极性，还使学生更加深入地理解和掌握知识。②拓展教学内容和形式。教学工具与资源的丰富性使教学内容和形式得以拓展。通过数字化教学资源，教师可以为学生提供更加丰富、多元的学习材料和案例，使学生能够更好地理解知识点并拓展知识视野。同时，数字化教学工具也为教师提供了更多的教学手段和方法，如虚拟实验、在线讨论等，使得教学过程更加灵活多样。③促进师生互动和交流。教学工具与资源的有效应用还促进了师生之间的互动和交流。通过在线教学平台、社交媒体等工具，教师可以与学生进行实时互动和交流，及时了解学生的学习情况和需求，为学生提供个性化的指导和帮助。同时，学生也可以通过这些工具向教师提出问题和建议，促进师生之间的沟通和合作。

（3）对教学质量和大学生综合素质水平的影响。教学工具与资源在数字化课堂中的有效应用，对高校教学质量和大学生综合素质水平的提升产生了积极的影响。①教学工具与资源的有效应用提高了教学质量。通过数字化教学工具和资源的运用，教师可以设计出更加生动、有趣和高效的课堂教学方案，激发学生的学习兴趣和积极性。同时，数字化教学工具还使教师能够更加方便地获取和处理各种教学资源，为教学提供更加丰富和多元的支持。这些都有助于提高教学效果和质量。②教学工具与资源的有效应用促进了大学生综合素质水平的提升。通过数字化教学工具和资源的运用，学生可以获得更加丰富、多元的学习资源和机会，拓展自己的知识视野和综合能力。同时，数字化教学工具还为学生提供了更多的自主学习和协作学习的机会，培养了学生的自主学习能力和团队协作能力。这些都有助于提高学生的综合素质水平。

显而易见，高校教师数字素养中教学工具与资源在数字化课堂中的应用存在着相互成就、相互促进、相互影响的关系。通过有效应用数字化教学工具和资源，可以极大地提高教学效率和效果、拓展教学内容和形式、促进师生互动和交流，进而对高校教学质量和大学生综合素质水平的提升产生积极影响。

基于以上观点，教师的数字素养培训和教育技术的普及应用应成为高校重点关注的议题，并将其纳入高校发展长远规划蓝图。鼓励教师积极探索和创新数字化教学方式方法，为培养具有创新精神和实践能力的高素质人才奠定坚实基础。

3.2.1 在数字化课堂中的应用关系及影响

随着互联网时代蓬勃发展，信息技术一日千里，尤其是近几年兴起的人工智能，如ChatGPT，Copilot，BERT系列，马斯克旗下公司推出的Crok，DeepMind推出的Gopher，华为公司的盘古大模型，阿里云推出的M6等，人工智能迎来百花争鸣的爆发期。与之相关的数字化课堂已成为现代教育的重要趋势。在数字化课堂中，教学工具与资源的应用关系日益密切，共同推动着教学模式的创新与发展。本书将从教学工具与资源在数字化课堂中的应用关系出发，探讨其对教师自身、大学生数字水平、大学生综合素质、高校教育质量和高校现代化发展等方面的影响。

3.2.1.1 教学工具与资源在数字化课堂中的应用关系

在数字化课堂中，教学工具与资源的应用是相辅相成的。教学工具作为教学过程中的载体，为教学资源的传递和呈现提供了多样化的手段。而教学资源则是教学工具发挥作用的基础，为教学工具提供了丰富的内容和素材。二者之间的密切合作，使数字化课堂的教学过程更加高效、生动和有趣。

具体来说，教学工具在数字化课堂中的应用主要体现在以下几个方面：首先，多媒体设备如电脑、投影仪、电子白板等，为教学资源的展示提供了便利。其次，在线教学平台、学习管理系统等工具，使教学过程更加灵活和自主。最后，虚拟仿真软件、智能教学助手等工具，为学生提供了更加直观和深入的学习体验。

而教学资源在数字化课堂中的应用则体现在：电子教材、网络课件、在线视频等数字化教学资源，为课堂教学提供了丰富的内容和素材；同时，这些资源还可以根据学生的需求进行个性化定制和推送，满足学生的多样化学习需求。

3.2.1.2 教学工具与资源在数字化课堂中应用关系的影响

(1)对教师自身的影响。教学工具与资源在数字化课堂中的应用，对教师提出了更高的要求。首先，教师需要具备较高的信息素养和技术应用能力，能够熟练掌握各种教学工具的使用方法和技巧。其次，教师需要具备丰富的教学资源和教学设计能力，能够根据学生的需求和特点进行教学资源的筛选、整合和创新设计。最后，教师还需要具备较强的沟通能力和协作能力，能够与学生和其他教师进行有效的互动和合作。

通过应用数字化教学工具和资源，教师可以不断提升自己的教学能力和专业素养，实现教学过程的优化和创新。同时，数字化课堂也为教师提供了更多的发展机会和挑战，促进了教师的专业成长和发展。

（2）对大学生数字水平的影响。数字化课堂中教学工具与资源的应用，对大学生数字水平提出了更高的要求。大学生需要具备一定的数字技能和信息素养，能够熟练掌握各种数字化学习工具和资源的使用方法和技巧。通过参与数字化课堂的学习和实践，大学生可以不断提升自己的数字水平和信息素养，为未来的职业发展和社会适应奠定坚实基础。

（3）对大学生综合素质的影响。数字化课堂中教学工具与资源的应用，有助于培养大学生的综合素质。首先，数字化课堂提供了更加丰富多样的学习资源和内容，有助于拓展大学生的知识面和视野。其次，数字化课堂中的教学方式注重学生的主体性和实践性，有助于培养大学生的自主学习能力和创新精神。最后，数字化课堂中的互动和协作机制，有助于培养大学生的沟通能力和团队协作精神。

（4）对高校教育质量的影响。教学工具与资源在数字化课堂中的应用，对高校教育质量产生了积极的影响。首先，数字化课堂中的教学资源和工具丰富多样，能够满足不同学生的学习需求，提高学生的学习兴趣和积极性。其次，数字化课堂中的教学方式注重学生的主体性和实践性，有助于提高学生的学习效果和综合素质。最后，数字化课堂中的评估和反馈机制更加科学和精准，有助于教师及时了解学生的学习情况和教学效果，从而进行针对性的教学改进。

（5）对高校现代化发展的影响。数字化课堂的建设是高校现代化发展的重要标志之一。教学工具与资源在数字化课堂中的应用，有助于推动高校教学方式的创新和教学资源的共享，提高高校的教育质量和效率。同时，数字化课堂的建设也有助于高校与国际接轨，提高高校的国际竞争力。

显而易见，教学工具与资源在数字化课堂中的应用关系紧密而复杂，对教师自身、大学生数字水平、大学生综合素质、高校教育质量和高校现代化发展等方面都产生了深远的影响。因此，积极推广和应用数字化教学工具和资源，可为高等教育的发展注入新的活力和动力。

3.2.2 在数字化课堂中相互促进、相互影响及对其他方面的影响

随着人工智能时代的到来，数字化课堂已成为现代教育的重要发展方向。在数字化课堂中，教学工具与资源之间存在着相互促进、相互影响的关系。这种关系不仅优化了教学过程，提高了教学效果，同时也对教师群体、大学生数字水平、大学生综合素质、高校教育质量和高校现代化发展等方面产生了深远的影响。

3.2.2.1　教学工具与资源在数字化课堂中的相互促进、相互影响

数字化课堂中的教学工具与资源是相互依存、相互促进的。教学工具作为教学资源传递和呈现的媒介，其先进性和功能性直接影响教学资源的有效利用和教学效果的提升。同时，教学资源作为教学工具发挥作用的基础，其丰富性和多样性也为教学工具的创新应用提供了源源不断的动力。

具体来说，教学工具在数字化课堂中的应用，为教学资源的展示、交互和共享提供了便利。例如，多媒体设备可以将文字、图片、视频等教学资源以更加直观、生动的方式呈现给学生；在线教学平台可以实现教学资源的远程共享和在线交流；虚拟仿真软件可以模拟真实环境，为学生提供沉浸式的学习体验。这些教学工具的应用，使教学资源得到了更加充分的利用和展示。

而教学资源的丰富性和多样性，则为教学工具的创新应用提供了可能。数字化教学资源具有更新快、易获取、可定制等特点。教师可以根据教学需要和学生特点，选择适合的教学资源，并通过教学工具进行个性化展示和交互。这种资源与工具的有机结合，不仅丰富了教学内容和形式，也提高了学生的学习兴趣和参与度。

3.2.2.2　教学工具与资源对其他方面的影响分析

（1）对教师群体的影响。教学工具与资源在数字化课堂中的应用，对教师群体提出了更高的要求。首先，教师需要具备较高的信息素养和技术应用能力，能够熟练掌握各种教学工具的使用方法和技巧。其次，教师需要具备丰富的教学资源和教学设计能力，能够根据学生的需求和特点进行教学资源的筛选、整合和创新设计。这种要求促使教师不断学习和提升自己，以适应数字化课堂的教学需求。

同时，教学工具与资源的相互促进、相互影响关系也为教师提供了更多的教学支持和帮助。教师可以利用数字化教学资源库中的优质资源，丰富教学内容和形式；可以利用在线教学平台进行远程授课和在线辅导；可以利用虚拟仿真软件进行实验教学和模拟训练。这些工具和资源的支持，使教师可以更加灵活、高效地开展教学工作。

（2）对课堂效果的影响。教学工具与资源在数字化课堂中的应用，对课堂效果产生了积极的影响。首先，数字化教学资源具有直观、生动、有趣的特点，能够激发学生的学习兴趣和积极性。其次，数字化教学工具可以实现交互式教学和个性化学习，使每个学生都能够得到充分的关注和指导。最后，数字化课堂可以打破时间和空间的限制，实现随时随地学习和交流。这些优势使数字化课堂的教学效果更加显著。

3.2.3 对教学质量和大学生综合素质水平的影响

在数字化课堂中，教学工具与资源的有效运用不仅极大地丰富了教学手段，提高了教学效率，更对高校教学质量和大学生综合素质水平产生了深远的影响。本书将从多个方面详细阐述教学工具与资源在数字化课堂中对高校教学质量和大学生综合素质水平的积极影响和正面价值。

3.2.3.1 教学工具与资源对高校教学质量的积极影响

（1）教学内容的丰富与更新。数字化课堂中的教学工具与资源极大地丰富了教学内容。教师可以利用网络资源、电子教材、在线课程等数字化教学资源，将最新的知识、技术和信息引入课堂，使学生能够及时掌握前沿动态，拓宽知识视野。同时，数字化教学资源具有更新快、易获取的特点。教师可以根据教学需要随时调整教学内容，保持教学内容的时效性和先进性。

（2）教学方式的创新与优化。教学工具与资源在数字化课堂中的应用，推动了教学方式的创新与优化。多媒体设备、在线教学平台、虚拟仿真软件等教学工具为教学提供了更多可能性。教师可以利用这些工具开展案例教学、项目教学、探究式教学等多种教学方式，激发学生的学习兴趣和主动性，提高教学效果。同时，数字化课堂中的互动和协作机制，使教师与学生、学生与学生之间的交流更加便捷和高效，促进了知识的共享和创新。

（3）教学评估的精准与科学。教学工具与资源在数字化课堂中的应用，还使教学评估更加精准和科学。在线教学平台可以记录学生的学习过程和学习成果，为教师提供翔实的数据支持。教师可以通过分析这些数据，了解学生的学习情况和需求，进行针对性的教学改进。同时，数字化课堂中的评估方式也更加多样和灵活，如在线测试、作业提交、作品展示等，能够全面、客观地评价学生的学习效果。

3.2.3.2 教学工具与资源对大学生综合素质水平的正面价值

（1）数字技能的提升。数字化课堂中教学工具与资源的应用，对大学生数字技能的提升具有积极作用。大学生需要具备一定的数字技能和信息素养，才能充分利用数字化学习工具和资源进行学习。在数字化课堂中，大学生可以接触到各种数字化学习工具和资源，通过实践操作和自主学习，不断提升自己的数字技能和信息素养。这将为大学生未来的职业发展和社会适应奠定坚实基础。

（2）自主学习能力的培养。数字化课堂中教学工具与资源的应用，有助于培养大学生的自主学习能力。数字化课堂中的教学方式注重学生的主体性和实践性，鼓励学生进行自主学习和探究。大学生可以利用数字化学习工具和资源，根据自己的兴趣和需求进行个性化学习，制订学习计划和学习目标，培养自主学习能力和创新精神。

(3)团队协作能力的增强。数字化课堂中教学工具与资源的应用,还有助于增强大学生的团队协作能力。数字化课堂中的互动和协作机制,使大学生能够更加方便地进行交流和合作。大学生可以通过在线讨论、项目合作等方式,与同学进行交流和协作,共同解决问题和完成任务。这种团队协作的过程不仅有助于提升大学生的沟通能力和协作能力,还有助于培养大学生的团队精神和集体荣誉感。

(4)创新思维的培养。数字化课堂中教学工具与资源的应用,对培养大学生的创新思维具有重要意义。数字化课堂中的教学方式注重学生的探究性和创新性,鼓励学生进行创新思维和创新实践。大学生可以利用数字化学习工具和资源,进行自主探究和创新实践,培养创新能力和创新精神。这将有助于大学生在未来的职业发展中具备更强的竞争力和创造力。

综上所述,教学工具与资源在数字化课堂中对高校教学质量和大学生综合素质水平产生了深远且积极的影响,甚至对高校教学质量、高校国际排名、大学生综合素质和就业有着决定性影响。它们不仅丰富了教学内容和教学手段,提高了教学质量和效率,还促进了大学生数字技能、自主学习能力、团队协作能力和创新思维的培养。因此,我们应该积极推广和应用数字化教学工具和资源,为高等教育的发展注入新的活力和动力。同时,高校也应加强对数字化课堂建设的投入和管理,确保数字化课堂的有效运行和持续发展。

3.3 个性化教学与数字素养的结合

高校教师数字素养中个性化教学与数字素养的结合之间的关系,以及两者如何相互促进、相互影响,从而在高校教学质量和大学生综合素质水平的提升上发挥积极作用,是当前教育领域的热点问题。以下是对这一主题的详细阐述。

(1)个性化教学与数字素养的结合关系。个性化教学,即根据学生的个体差异和学习需求,量身定制教学内容、方法和策略,以满足其个性化发展的需求。而数字素养,则是指个体在数字化环境中获取、理解、评估、创造和交流信息的能力。在高校教师的数字素养中,个性化教学与数字素养之间存在着密切的联系和互动。①数字素养为个性化教学提供了技术支持。随着信息技术的飞速发展,数字化工具和资源日益丰富，为个性化教学提供了更多可能性。高校教师具备较高的数字素养，能够熟练掌握并运用各种数字化教学工具，如智能教学系统、在线学习平台、大数据分析工具等。这些工具能够收集学生的学习数据，分析学生的学习习惯和特点，为教师提供个性化的教学建议和资源推荐。②个性化教学是数字素养的具体应用和实践。高校教师的数字素养不仅体现在对数字化工具和资源的掌握上，更体现在如何将这些工具和资源应用于实际教学中，实现个性化教学。教师需要根据学生的个体差异和学习需求，结合数字化工具和资源，设计个性化的教学方案，提供差异化的教学内容和策略，以满足学生的个性化发展需求。

（2）个性化教学与数字素养相互促进、相互影响的方面。个性化教学与数字素养在高校教育中相互促进、相互影响，主要体现在以下几个方面：①提高教学针对性和实效性。个性化教学与数字素养的结合，使教师能够更准确地把握学生的学习需求和特点，制订更加有针对性和实效性的教学方案。通过数字化教学工具收集学生的学习数据，教师可以分析学生的学习习惯和偏好，为每个学生提供个性化的学习路径和资源推荐。这种教学方式能够更好地满足学生的个性化需求，提高学生的学习兴趣和动力，进而提高教学效果和质量。②拓展教学方式和手段。数字素养为个性化教学提供了更多的教学方式和手段。高校教师可以利用数字化工具和资源，开展线上教学、混合式教学等多种教学方式，为学生提供更加灵活、多样化的学习体验。同时，数字化工具还可以为教师提供更加丰富的教学资源和素材，如多媒体课件、网络视频、在线测试等，使教学内容更加生动、有趣和直观。这些教学方式和手段的运用，能够激发学生的学习兴趣和积极性，提高学生的学习效果。③促进师生互动和合作。个性化教学与数字素养的结合，还促进了师生之间的互动和合作。通过数字化教学平台，教师可以与学生进行实时互动和交流，了解学生的学习情况和需求，为学生提供及时的指导和帮助。同时，学生也可以通过平台向教师提出问题和建议，促进师生之间的沟通和合作。这种互动和合作的方式，能够增强师生之间的信任和理解，提高教学效果和质量。④培养学生的自主学习和创新能力。个性化教学与数字素养的结合，还有助于培养学生的自主学习和创新能力。通过数字化教学工具和资源，学生可以随时随地进行学习，自主选择学习内容和路径，培养自主学习能力。同时，数字化工具还为学生提供了更多的创新机会和平台，如虚拟实验、在线项目等，鼓励学生进行创新和探索。这种教学方式能够激发学生的创新精神和创造力，提高学生的综合素质水平。

（3）对高校教学质量和大学生综合素质水平的积极影响。个性化教学与数字素养的结合，对高校教学质量和大学生综合素质水平的提升产生了积极的影响。首先，这种教学方式提高了教学针对性和实效性，使教学更加符合学生的实际需求和发展方向，提高了学生的学习兴趣和动力，进而提高了教学效果和质量。其次，这种教学方式拓展了教学方式和手段，使教学更加灵活、多样和有趣，提高了学生的学习效果和体验。最后，这种教学方式还培养了学生的自主学习和创新能力，提高了学生的综合素质水平，为未来的职业发展和社会适应能力奠定了坚实的基础。

综上所述，高校教师数字素养中个性化教学与数字素养的结合关系密切，两者相互促进、相互影响。通过有效结合个性化教学与数字素养，可以提高高校教学质量和大学生综合素质水平。随着信息技术的飞速发展，数字素养已成为现代教育中不可或缺的一部分，而个性化教学作为教育理念的革新，也在逐步改变着传统的教学方式。这两者之间存在着紧密的联系，它们相互促进、相互影响，共同对高等教育产生深远的影响。

3.3.1　个性化教学与数字素养的结合现状简析及成因分析

在数字化教育已成为教育领域的重要趋势的背景下，个性化教学与数字素养的结合逐渐受到广泛关注。个性化教学强调以学生为中心，注重满足学生的个性化需求；而数字素养则是信息时代的基本素质，包括获取、处理和应用数字资源的能力。本书将探讨当前我国高校个性化教学与数字素养的结合现状，进行简要分析，并探讨其成因。

3.3.1.1　个性化教学与数字素养的结合现状

（1）结合程度逐渐提高。近年来，随着高校信息化建设的不断推进，个性化教学与数字素养的结合程度逐渐提高。一方面，高校开始注重利用数字化资源和技术手段进行教学改革，为学生提供更加个性化的学习体验；另一方面，高校也加强了对学生的数字素养培养，通过开设相关课程、组织实践活动等方式提高学生的数字素养水平。

（2）仍存在一些问题。尽管个性化教学与数字素养的结合程度逐渐提高，但在实际操作中仍存在一些问题。首先，一些高校在个性化教学方面缺乏系统性和深度，仅仅是简单地利用数字化资源进行教学，没有真正关注学生的个性化需求。

其次，一些高校在数字素养培养方面存在不足，缺乏系统的课程设计和教学方法，导致学生的数字素养水平参差不齐。

3.3.1.2 个性化教学与数字素养的结合现状简析

（1）个性化教学促进数字素养的提升。个性化教学注重以学生为中心，关注学生的个性化需求。在数字化时代，学生可以利用丰富的数字资源和工具进行自主学习和探究。个性化教学通过引导学生积极利用数字资源，培养学生的数字意识、计算思维以及数字化学习与创新的能力，从而提升学生的数字素养。

（2）数字素养助力个性化教学的实施。数字素养作为信息时代的基本素质，为个性化教学的实施提供了有力的支持。首先，数字素养使学生具备了获取、处理和应用数字资源的能力，这为他们进行个性化学习提供了保障。学生可以根据自己的兴趣、需求和能力，选择适合自己的数字资源和工具进行学习，从而更好地满足个性化需求。其次，数字素养还提高了学生的自主学习能力。学生可以利用数字化工具进行自主学习和探究，发现问题、解决问题，形成自己的知识体系。这种自主学习的方式有助于培养学生的创新思维和实践能力，进一步推动个性化教学的深入发展。

3.3.1.3 个性化教学与数字素养的结合成因分析

（1）教育理念的转变。随着教育理念的转变，高校开始注重培养学生的综合素质和实践能力。个性化教学作为一种新的教育理念，注重满足学生的个性化需求，培养学生的自主学习和创新能力。而数字素养则是信息时代的基本素质，对于培养学生的综合素质和实践能力具有重要意义。因此，高校开始注重个性化教学与数字素养的结合，以提高学生的综合素质和实践能力。

（2）技术发展的推动。信息技术的飞速发展为个性化教学与数字素养的结合提供了技术支持。数字化资源和技术手段的不断涌现，使高校可以更加便捷地获取和使用数字化资源进行教学改革和学生培养。同时，数字化工具的应用也使学生可以更加高效地进行自主学习和探究，提高学习效果和质量。

（3）政策支持的引导。国家对于高校信息化建设和数字化教育的支持也为个性化教学与数字素养的结合提供了政策保障。政府出台了一系列政策文件，鼓励高校加强信息化建设和数字化教育改革，提高教育质量和效率。这些政策文件的出台为高校实施个性化教学与数字素养的结合提供了指导和支持。

当前我国高校个性化教学与数字素养的结合程度逐渐提高，但仍存在一些问题。个性化教学与数字素养的相互促进和相互影响对于提高学生的综合素质和实践能力具有重要意义。未来，高校应进一步加强个性化教学与数字素养的结合，注重系统性和深度的教学改革和学生培养，以适应信息时代的需求和挑战。

3.3.2 个性化教学与数字素养的相互影响

随着信息技术的迅猛发展，教育领域也迎来了前所未有的变革。个性化教学和数字素养作为这一变革中的两个重要方面，不仅相互促进、相互影响，而且对高等教育、大学生综合素质、大学生数字化水平以及高校教育质量产生了深远的影响。本书将从这些方面展开详细阐述。

3.3.2.1 个性化教学与数字素养对高等教育的影响

（1）提高教育质量和效果。个性化教学与数字素养的相互促进，使高等教育能够更加注重学生的个体差异和实际需求，提高教育质量和效果。通过个性化教学，教师可以更加精准地了解学生的学习状况和需求，为他们提供有针对性的指导和支持。同时，数字素养的提升使学生能够更好地利用数字资源进行学习和探究，提高学习效率和质量。

（2）促进教育公平和均衡发展。个性化教学和数字素养的普及有助于促进教育公平和均衡发展。在数字化时代，优质的教育资源可以通过数字化平台实现共享和普及。这使更多的学生有机会接触到优质的教育资源，享受到个性化的学习服务。同时，个性化教学也关注那些在学习上遇到困难的学生，为他们提供个性化的指导和支持，帮助他们克服学习障碍，实现全面发展。

3.3.2.2 个性化教学与数字素养对大学生综合素质和数字化水平的影响

（1）提升大学生综合素质。个性化教学与数字素养的相互促进有助于提升大学生的综合素质。通过个性化教学，大学生可以根据自己的兴趣、需求和能力进行自主学习和探究，发展自己的特长和优势。同时，数字素养的提升使他们能够更好地利用数字资源进行学习和创新，提高综合素质和竞争力。

（2）提高大学生数字化水平。个性化教学和数字素养的普及也提高了大学生的数字化水平。在数字化时代，数字化技能已经成为大学生必备的基本技能之一。通过个性化教学，大学生可以更加深入地了解数字技术的原理和应用方法，提高自己的数字化技能水平。同时，数字素养的提升也使他们能够更好地适应数字化时代的需求和挑战。

个性化教学与数字素养作为信息时代教育发展的重要方面，不仅相互促进、相互影响，而且对高等教育、大学生综合素质、大学生数字化水平以及高校教育质量产生了深远的影响。未来，我们应该继续深化个性化教学的实践探索，提升大学生的数字素养水平，为培养具有创新精神和实践能力的高素质人才作出更大的贡献。同时，我们也需要关注个性化教学和数字素养在高等教育中的普及和应用问题，推动教育的公平和均衡发展。

3.4 数字素养对教师课堂教学效果的影响分析

在信息技术迅猛发展，数字化教学已成为高校教育的重要趋势的背景下，教师的数字素养对于提升课堂教学效果具有至关重要的作用。本书将从多角度、多层次分析高校教师的数字素养对课堂教学效果的影响，并探讨其内在机制和可能面临的挑战。

对于高校教师而言，数字素养不仅包括基本的计算机操作技能，还涵盖了数字资源的整合、数字工具的应用、数字内容的创新以及数字安全的维护等多个方面。

（1）数字素养对课堂教学效果的影响。①教学内容与资源的丰富性。教师的数字素养直接影响其获取和整合教学资源的能力。具备较高数字素养的教师能够熟练利用互联网、数字图书馆等渠道，获取丰富多样的教学资源，如教学案例、视频教程、在线课程等。这些资源不仅有助于丰富教学内容，还能激发学生的学习兴趣，提高课堂参与度。②教学方法与手段的创新性。数字素养高的教师善于运用数字化工具创新教学方法和手段。例如，利用多媒体教学软件制作生动有趣的课件，通过在线平台开展翻转课堂、混合式教学等新型教学模式。这些创新性的教学方法和手段能够打破传统课堂的局限，提高教学效率，促进师生之间的互动和交流。③学生学习体验的优化。教师的数字素养对于优化学生的学习体验具有重要意义。通过数字化工具，教师可以为学生提供个性化的学习资源和路径，满足学生的不同学习需求。同时，数字化教学还能打破时间和空间的限制，使学生能够在任何时间、任何地点进行学习。这种灵活的学习方式能够提高学生的自主学习能力和学习效果。④教学质量的提升。数字素养对教学质量的提升具有深远的影响。一方面，教师可以通过数字化手段实时监测学生的学习情况，及时了解学生的学习需求和困难，从而调整教学策略和方法。另一方面，数字化教学还能够促进教师之间的交流和合作，共同分享教学经验和资源，提升整个教学团队的教学水平。

（2）影响教师数字素养的因素。①个人因素。教师的年龄、学历、专业背景等个人因素对其数字素养具有重要影响。年轻教师通常更容易接受和掌握新技术，而年龄较大的教师可能需要更多的时间和努力来适应数字化教学。此外，教师的学历和专业背景也影响其对数字技术的理解和应用能力。②环境因素。学校的教学环境、技术支持、培训机会等因素也会影响教师的数字素养。如果学校提供了良好的教学环境和先进的技术支持，并且为教师提供了充分的培训机会和激励机制，那么教师的数字素养就会得到显著提升。③政策因素。政府的政策导向和支持力度也对教师的数字素养产生重要影响。如果政府能够出台相关政策，鼓励和支持高校开展数字化教学改革，并提供相应的资金和技术支持，那么教师的数字素养就会得到快速提升。

（3）提升教师数字素养的策略。①加强培训和教育。高校应该加强对教师的数字素养培训和教育，提高教师的信息技术应用能力和数字资源整合能力。同时，还应该鼓励教师参加相关培训和交流活动，拓宽视野和知识面。②优化教学环境和资源。高校应该优化教学环境和资源，为教师提供先进的数字化教学设备和丰富的教学资源。同时，还应该加强技术支持和服务，确保数字化教学的顺利进行。③建立激励机制和评价机制。高校应该建立激励机制和评价机制，鼓励教师积极参与数字化教学改革和创新实践。对于在数字化教学中表现突出的教师，应该给予相应的奖励和荣誉，激发其积极性和创造力。

综上，高校教师的数字素养对课堂教学效果具有重要影响。通过加强培训和教育、优化教学环境和资源以及建立激励机制和评价机制等措施，可以有效提升教师的数字素养，进而提高课堂教学效果。未来，随着信息技术的不断发展和普及，高校教师的数字素养将越来越重要，我们应该继续关注和探讨如何更好地提升教师的数字素养。

3.4.1　数字素养对教师课堂教学效果的影响现状及原因分析

在数字化时代，数字素养已经成为教育领域的重要话题。数字素养不仅关系到个体的信息获取和处理能力，更与教学效果息息相关。本小节将详细阐述数字素养对课堂教学效果的影响、当前现状及造成这些现状的原因。

3.4.1.1　数字素养对课堂教学效果的影响

（1）提升教学资源的丰富性和多样性。数字素养高的教师能够熟练运用各种数字工具和平台，从互联网、数字图书馆等渠道获取丰富多样的教学资源。这些资源不仅包括传统的文字、图片，还包括视频、音频、动画等多种形式，能够激发学生的学习兴趣，提高课堂参与度。

（2）优化学生的学习体验。数字素养高的教师能够为学生提供个性化的学习资源和路径，满足学生的不同学习需求。通过数字化工具，学生可以自主选择学习内容、学习时间和学习进度，实现自主学习和个性化学习。同时，数字化教学还能打破时间和空间的限制，使学生能够在任何时间、任何地点进行学习，提高学习的灵活性和便捷性。

（3）提高教学质量和效果。数字素养高的教师能够利用数字化工具实时监测学生的学习情况，及时了解学生的学习需求和困难，从而调整教学策略和方法。同时，数字化教学还能够促进教师之间的交流和合作，共同分享教学经验和资源，提升整个教学团队的教学水平。这些都有助于提高教学质量和效果。

3.4.1.2 高校教师数字素养的现状

虽然数字素养对教学效果的影响显著，但当前高校教师的数字素养普遍不足。具体表现在以下几个方面：

（1）技术应用能力不足。部分教师虽然具备基本的计算机操作技能，但对于更高级的数字技术如大数据分析、人工智能等缺乏了解和掌握。这导致他们在教学中无法充分利用这些先进技术来提高教学效果。

（2）信息素养有待提高。信息素养是数字素养的重要组成部分，包括信息获取、信息评估、信息组织和信息分享等方面。部分教师在信息获取和评估方面存在不足，无法准确判断信息的真伪和价值，导致教学中出现误导学生的情况。

（3）数字教学资源整合能力有限。数字教学资源整合能力是指教师能够根据不同学科、不同学生的需求，从海量数字资源中筛选出合适的教学资源，并进行有效整合和运用的能力。部分教师在这一方面存在不足，无法充分利用数字资源来丰富教学内容和提高教学效果。

3.4.1.3 造成这些现状的原因分析

造成当前高校教师数字素养不足的原因主要有以下几个方面：

（1）培训和教育不足。当前高校对于教师的数字素养培训和教育不足，缺乏系统的培训课程和有效的培训机制。这导致教师无法及时了解和掌握最新的数字技术和教学方法，无法适应数字化教学的需求。

（2）教学环境和资源有限。部分高校的教学环境和资源有限，无法满足教师进行数字化教学的需求。例如，缺乏先进的数字化教学设备和充足的教学资源等。这限制了教师在数字化教学方面的探索和实践。

（3）教师自身因素。部分教师对数字化教学的认识和重视程度不够，缺乏学习和探索的积极性和动力。同时，由于年龄、学历、专业背景等因素的限制，部分教师在数字技术和教学方法方面与平均水平存在较大的差距。

不难看出，数字素养对课堂教学效果具有重要影响。当前高校教师的数字素养普遍不足，需要加强培训和教育、优化教学环境和资源以及提高教师自身的认识和重视程度等措施来提高教师的数字素养水平。

3.4.2　教师数字素养不足导致课堂教学效果不佳

随着信息技术的飞速发展，数字化教学已成为教育领域的重要趋势。在这一背景下，教师的数字素养对于提升课堂教学效果具有至关重要的作用。然而，当前我国高校在教师数字素养方面存在诸多不足，这直接影响到了课堂教学的效果。本书将从多个角度深入分析这一现状及其背后的原因。

3.4.2.1　我国高校教师数字素养的不足

（1）技术应用能力不足。当前，我国大部分高校教师的技术应用能力普遍不足。他们虽然具备基本的计算机操作技能，但对于更高级的数字技术如大数据、人工智能、虚拟现实等的应用能力较为薄弱。这使得他们在课堂教学中无法充分利用这些先进技术，导致教学内容和形式单一，缺乏创新性和吸引力。

（2）信息素养有待提高。我国部分高校教师的信息素养有待提高。他们往往无法准确判断信息的真伪和价值，无法从海量信息中筛选出有价值的教学资源，导致教学内容的质量参差不齐，影响了教学效果。

（3）数字资源整合能力有限。在数字化教学中，数字资源的整合和利用至关重要。我国部分高校教师在数字资源整合能力方面存在不足。他们往往无法根据教学需求和学生特点，从各种数字资源中筛选出合适的内容进行整合和再创造，导致教学资源利用效率低下，无法满足学生的学习需求。

3.4.2.2　高校教师数字素养不足导致课堂教学效果不佳的现状

（1）教学方法单一。由于教师数字素养的不足，许多高校课堂仍然采用传统的讲授式教学方法。这种方法过于注重知识的灌输，忽视了学生的主体性和参与性，导致学生缺乏学习兴趣和动力。同时，由于缺乏数字技术的支持，教师难以采用创新性的教学方式和手段，使课堂氛围沉闷、缺乏活力。

（2）教学内容陈旧。由于教师数字素养的不足，许多高校的教学内容无法及时更新和丰富。一些教师仍然沿用旧有的教材和教案进行教学，导致教学内容与时代发展脱节。这不仅无法满足学生的学习需求，也无法激发学生的学习兴趣和好奇心。

（3）学生参与度低。由于教学方法单一和教学内容陈旧等因素的影响，学生在课堂上的参与度普遍较低。他们往往只是被动地接受知识灌输，缺乏主动思考和探索的机会。这不仅影响了学生的学习效果，也制约了学生创新思维和实践能力的发展。

3.4.2.3 造成这一现状的原因分析

（1）培训和教育不足。当前，我国高校对于教师的数字素养培训和教育不足。许多高校缺乏系统的培训课程和有效的培训机制，导致教师无法及时了解和掌握最新的数字技术和教学方法。同时，由于缺乏必要的激励机制和评价体系，教师缺乏学习和探索数字素养的积极性和动力。

（2）教学环境和资源有限。一些高校的教学环境和资源有限，无法满足教师进行数字化教学的需求。例如，部分高校缺乏先进的数字化教学设备和充足的数字教学资源等。这限制了教师在数字化教学方面的探索和实践，使他们难以在课堂教学中充分利用数字技术和资源。

（3）教师自身因素。一些教师对数字化教学的认识和重视程度不够。他们往往认为数字化教学只是锦上添花的手段，而不是提高教学效果的必要途径。同时，由于年龄、学历、专业背景等因素的限制，一些教师在数字技术和教学方法方面与平均水平存在较大的差距，导致他们在课堂教学中难以运用数字技术和创新教学方法。

总之，我国高校在教师数字素养方面存在诸多不足，这直接导致了课堂教学效果不佳的现状。为了提升教学效果和培养学生的综合素质，我们需要加强教师的数字素养培训和教育、优化教学环境和资源、提高教师对于数字化教学的认识和重视程度等措施。只有这样，我们才能有效地提升教师的数字素养水平，推动数字化教学的深入发展。

第 4 章　高校教师数字素养与学生学习

在高等教育领域，数字化带来了深刻的变革。高校教师作为教育工作的主要承担者，其数字素养的高低直接影响着学生的学习效果和质量。因此，深入探讨高校教师数字素养与学生学习的现状、关系及成因，对于提高教育质量、培养优秀人才具有重要意义。

（1）高校教师数字素养的现状。高校教师数字素养是指教师在教学、科研和管理等工作中，运用数字技术和工具进行信息获取、处理、传播和创新的能力。当前，我国高校教师数字素养呈现出以下几个特点：①数字化应用水平不断提高。随着信息技术的普及，高校教师普遍具备了一定的数字素养。他们在教学过程中能够运用多媒体技术、在线教学平台等数字化工具，提高教学效果。同时，在科研工作中，高校教师也能够利用数字化手段进行文献检索、数据分析等工作，提高科研效率。②数字化应用能力存在差异。虽然高校教师整体数字化应用水平不断提高，但不同教师之间的能力差异仍然较大。一些教师能够熟练掌握并运用各种数字化工具，而另一些教师则对数字化技术感到陌生或抵触。这种差异在一定程度上影响了教学质量和科研水平。③数字素养培养缺乏系统性。目前，我国高校在数字素养培养方面缺乏系统性。一方面，高校普遍缺乏针对教师的数字素养培训课程和机制；另一方面，教师在提升自我数字素养方面也缺乏明确的路径和规划。这导致一些教师在面对新技术时感到无所适从，难以将其应用于教学和科研工作中。

（2）学生学习的现状。学生是高校教育的主体，他们的学习状态和学习效果是衡量教育质量的重要指标。当前，我国大学生的学习现状呈现出以下几个特点：①学习方式多元化。随着信息技术的普及和发展，大学生的学习方式越来越多元化。他们可以通过网络课程、在线学习平台等途径获取知识和信息。同时，大学生也更加注重自主学习和合作学习相结合，以提高学习效果。②学习压力较大。随着高等教育的普及和就业市场的竞争日益激烈，大学生面临着越来越大的学习压力。他们需要在短时间内掌握大量的知识和技能，同时还要应对各种考试和评估。这种压力在一定程度上影响了大学生的学习积极性和学习效果。③数字化学习能力有待提高。虽然大学生普遍具备了一定的数字化应用能力，但在数字化学习方面仍然存在一些问题。例如，一些大学生缺乏有效的数字化学习策略和方法；另一些大学生则过于依赖网络资源和在线学习平台，缺乏深入思考和自主探究的能力。这些问题在一定程度上制约了大学生数字化学习能力的提升。

（3）高校教师数字素养与学生学习的关系。高校教师数字素养与学生学习之间存在着密切的关系。一方面，教师的数字素养水平直接影响着学生的数字化学习体验和学习效果。具备较高数字素养的教师能够为学生提供更加丰富、生动的数字化教学资源和学习环境。同时，他们还能够运用数字化工具和方法提高教学效果和学生的学习兴趣。另一方面，学生的学习需求和反馈也对教师的数字素养提升产生了推动作用。学生对于数字化教学的需求和反馈能够促使教师不断更新自己的教学理念和方法。同时，学生的积极参与和互动也能够激发教师的创新精神和教学热情。

（4）高校教师数字素养与学生学习现状的成因分析。造成高校教师数字素养与学生学习现状的原因是多方面的。首先，我国数字化教育发展不平衡是导致教师数字素养差异的主要原因之一。一些地区和学校由于经济、技术等方面的限制，难以为教师提供充足的数字化教学资源和培训机会，同时，一些教师由于年龄、专业背景等方面的原因，对数字化技术缺乏兴趣或产生抵触情绪。其次，学生自身的学习能力和兴趣也是影响学习效果的重要因素之一。一些学生对数字化学习缺乏兴趣或动力。同时，一些学生的自主学习能力和时间管理能力较差，难以适应数字化学习的要求。最后，教育体制和政策环境也对教师数字素养和学生学习产生了影响。例如，一些学校对于数字化教学的重视程度不够。同时，一些政策文件对于教师数字素养的提升和学生数字化学习能力的培养缺乏具体的指导和支持。

综上所述，高校教师数字素养与学生学习的现状、关系及成因是一个复杂而重要的问题。为了提高教育质量、培养优秀人才，我们需要从多个方面入手加强教师数字素养的提升和学生数字化学习能力的培养。具体来说，我们可以从以下几个方面入手：一是加强数字化教学资源的建设和管理；二是建立完善的教师数字素养培训体系；三是引导学生树立正确的数字化学习观念和方法；四是优化教育体制和政策环境，为教师数字素养的提升和学生数字化学习能力的培养提供有力保障。

4.1　高校教师数字素养对学生学习的影响机制

随着信息技术的迅猛发展，数字化已经成为教育领域的重要趋势。高校教师作为教育教学的核心力量，其数字素养的高低不仅影响着自身的教学质量和科研水平，更对学生的学习产生深远的影响。本节旨在探讨高校教师数字素养对学生学习的影响机制，深度分析其存在的弊端，并提出相应的改进方式。

（1）高校教师数字素养对学生学习的影响机制。①影响机制概述。高校教师的数字素养主要体现在对数字化教学工具的运用、数字化教学资源的获取与整合以及利用数字技术与学生进行互动和反馈等方面。数字素养不仅直接影响着教师的教学方法和质量，也间接影响着学生的学习体验和学习效果。具体来说，教师数字素养对学生学习的影响机制可以概括为以下几个方面：一是激发学习兴趣。教师利用数字化教学工具和资源，可以创造出更加丰富、生动的教学环境，从而激发学生的学习兴趣和积极性。二是提高学习效率。数字化教学工具可以帮助教师更加高效地传递知识，同时学生也可以利用这些工具进行自主学习和探究，从而提高学习效率。三是促进互动交流。数字化教学平台为师生之间的互动交流提供了更多的渠道和机会，有助于加强师生之间的联系和沟通。四是拓展学习空间。数字化教学资源具有开放性和共享性，学生可以通过网络获取更多的学习资源和信息，从而拓展自己的学习空间。②深度分析原因。高校教师数字素养对学生学习产生影响的原因主要可以归结为以下几个方面：一是教育理念的更新。随着数字化时代的到来，传统的教学理念和方式已经难以满足学生的需求，教师需要不断更新自己的教育理念，适应数字化教学的发展。二是技术进步的推动。信息技术的快速发展为数字化教学提供了强大的技术支撑。教师需要不断学习和掌握新的数字化教学工具和技术，以更好地服务于教学。三是学生需求的变化。随着时代的变迁，学生的学习需求也在不断变化。他们渴望通过数字化学习收获更加丰富、生动的知识体验。因此，教师需要提高自己的数字素养以满足学生的需求。

（2）存在的弊端。尽管高校教师数字素养的提高对学生学习产生了积极的影响，但在实际教学中也存在一些弊端：一是技术依赖。过度依赖数字化教学工具可能导致教师忽略传统教学方法的优势，使教学变得单调乏味。二是数字鸿沟。

不同学科、不同背景的教师数字素养存在差异，可能导致教学资源的分配不均和教学质量的不平衡。三是网络安全风险。数字化教学平台可能面临网络安全风险，如数据泄露、黑客攻击等，给学生和教师带来潜在的安全隐患。

（3）改进方式。为了充分发挥高校教师数字素养对学生学习的积极影响并克服存在的弊端，我们可以从以下几个方面进行改进：一是加强教师培训。高校应加强对教师数字素养的培训，提高教师的数字化教学能力和技术水平。培训内容应包括数字化教学工具的使用、数字化教学资源的获取与整合、网络安全防护等方面的知识。二是完善教学平台。高校应不断完善数字化教学平台的功能和性能，提高平台的稳定性和安全性。同时，平台应支持多种教学方式和互动方式，以满足不同学科和不同学生的学习需求。三是优化教学资源。高校应加强与企业和研究机构的合作，共同开发高质量的数字化教学资源。同时，高校应建立完善的资源分享机制，促进资源的共享和利用。四是加强监管与评估。高校应加强对数字化教学的监管和评估工作，确保教学质量和教学效果。同时，高校应建立有效的激励机制和评价机制，鼓励教师积极参与数字化教学改革和创新的实践。

综上，高校教师数字素养对学生学习产生着深远的影响。为了充分发挥其积极影响并克服存在的弊端，我们需要从教师培训、教学平台、教学资源以及监管评估等方面进行改进。只有这样，我们才能更好地利用数字化教学的优势促进学生成长和人才培养。

4.1.1 高校教师数字素养对学生学习的影响机制简析

在数字化时代背景下，信息技术的快速发展为我国高等教育领域带来了深刻的变革。高校教师的数字素养作为推动教育数字化进程的关键因素，对学生学习的影响日益显著。本书旨在探讨我国当前高校教师数字素养对学生学习的影响机制，包括其优点、弊端以及成因，以期为提升教师数字素养、优化学生学习体验提供参考。

4.1.1.1 我国高校教师数字素养对学生学习影响机制的优点

（1）创新教学方法，提高学生学习兴趣。具备较高数字素养的高校教师能够利用信息技术创新教学方法，如采用在线教学、混合式教学等新型教学模式，使教学内容更加生动、形象，从而激发学生的学习兴趣和积极性。这种创新性的教学方式有助于打破传统课堂的束缚，让学生更加主动地参与到学习中来。

（2）丰富教学资源，拓宽学习视野。高校教师利用数字素养可以获取和整合丰富的教学资源，如网络课程、教学视频、电子图书等，为学生提供更加丰富的学习内容。这些资源不仅可以拓宽学生的知识视野，还可以帮助学生更好地理解和掌握所学知识，提高学习效果。

(3)增强师生互动，提高学习效率。数字化教学平台为师生提供了更多的互动机会。教师可以通过平台及时了解学生的学习情况，为学生提供个性化的指导和反馈。同时，学生也可以利用平台与教师进行实时交流，解决学习中的疑惑和问题。这种互动性的学习方式有助于增强师生之间的联系和沟通，提高学习效率。

4.1.1.2 高校教师数字素养对学生学习影响机制的弊端

(1)技术依赖与过度使用。部分高校教师在教学过程中过度依赖数字化教学工具和技术，导致教学变得单调乏味。他们忽视了传统教学方法的优势和价值，导致教学质量下降。此外，一些教师还可能滥用数字化教学资源，使学生陷入信息过载的困境中，难以有效吸收和掌握知识。

(2)数字鸿沟与资源不均。由于我国不同地区经济发展水平不同和教育资源分布不均，导致高校教师在数字素养方面存在较大的差异。一些地区的高校教师可能缺乏必要的数字技能和资源支持，难以有效利用数字化教学工具和技术进行教学。这种数字鸿沟可能导致教学质量的不均衡和学生学习机会的不平等。

(3)网络安全风险与隐私泄露。在数字化教学过程中，网络安全风险是一个不容忽视的问题。一些数字化教学平台可能存在安全漏洞和隐患，容易被黑客攻击和恶意软件入侵。这可能导致学生的个人信息泄露和隐私被侵犯的风险增加。同时，一些教师也可能缺乏网络安全意识和技能，无法有效保护学生的信息安全。

4.1.1.3 成因分析

(1)历史原因与发展阶段。我国教育信息化起步较晚，相对于发达国家存在较大的历史差距。这种历史差距导致了我国在教育信息化基础设施、教学资源建设等方面存在不足。同时，我国的高校教师评价体系也缺乏对数字化教学能力的重视，导致教师缺乏提升数字素养的动力。

(2)教师培训不足与资源匮乏。当前，我国对高校教师的数字素养培训投入不足，培训内容和方式难以满足教师的实际需求。同时，数字化教学资源的匮乏也限制了教师数字素养的提升和应用。一些高校缺乏高质量的数字化教学资源，导致教师难以提高自身数字素养。

(3)教师个体因素与观念差异。不同教师在数字技能、信息意识、数据敏感度等方面存在差异，这导致了他们在数字素养方面的参差不齐。一些教师可能缺乏必要的数字技能和信息素养，难以适应数字化教学的需求。同时，一些教师可能对传统教学模式存在惯性思维，缺乏将数字技术整合到教学中的意识和动力。

不难看出，高校教师数字素养对学生学习的影响具有双重性。一方面，它可以创新教学方法、丰富教学资源、增强师生互动，从而提高学生的学习兴趣和效率；另一方面，它也可能带来技术依赖、数字鸿沟和网络安全风险等问题。为了充分发挥高校教师数字素养的积极作用并克服其弊端，我们需要加强教师培训、建设数字化教学资源、完善数字化教学平台、改革教育体制等。同时，教师自身也需要不断学习和提升数字素养水平以适应数字化时代的教育需求。

4.1.2 当前外国高校教师数字素养与学生学习现状分析

4.1.2.1 引言

在全球教育数字化的大潮中，高校教师的数字素养对学生学习的影响日益显著。数字素养不仅关乎教师个人职业能力的提升，更直接关系到学生的学习效果与未来发展。本小节旨在分析外国高校教师数字素养的现状，探讨其对学生学习的影响，并进一步分析造成这种现状的成因。

4.1.2.2 外国高校教师数字素养现状分析

（1）普遍较高的数字技能水平。在多数发达国家，高校教师普遍接受过系统的信息技术培训，具备较高的数字技能水平。他们能够熟练运用各种数字化工具进行教学设计、资源查找、课堂互动等。这种高水平的数字技能不仅提高了教师的教学效率，也为学生提供了更加丰富多元的学习体验。

（2）重视数字技术与教学的融合。外国高校教师普遍认识到数字技术对教学的重要性，并积极将其融入教学中。他们利用在线平台、数字化教学资源等方式，创新教学方式方法，提升学生的学习兴趣和参与度。同时，他们还注重通过数字技术培养学生的自主学习能力、批判性思维和创新能力等。

（3）持续更新的数字素养观念。随着信息技术的不断发展，外国高校教师的数字素养观念也在不断更新。他们积极学习新的数字技术，关注数字技术在教育领域的应用动态，不断提升自身的数字素养水平。同时，他们还注重培养学生的数字素养，使学生能够适应数字化时代的需求。

4.1.2.3 外国学生学习现状分析

（1）多样化的学习方式。在外国高校中，学生的学习方式日益多样化。他们可以通过在线课程、远程教学等方式进行自主学习，也可以利用数字化教学资源进行课外拓展。这种多样化的学习方式使学生能够更加灵活地安排自己的学习时间和地点，提高了学习效率。

(2)积极的学习态度。外国学生普遍对数字化学习持有积极态度。他们乐于尝试新的学习方式，善于利用数字化工具进行自主学习和探究。同时，他们还注重培养自己的数字素养，以适应数字化时代的需求。

(3)较强的自主学习能力。在外国高校中，学生的自主学习能力普遍较强。他们善于利用数字化教学资源进行自主学习和探究，能够独立思考和解决问题。这种自主学习能力不仅有助于学生的知识掌握和技能提升，还有助于培养学生的创新能力和批判性思维。

4.1.2.4　成因分析

(1)教育政策与资金投入的支持。发达国家普遍重视教育信息化的建设和发展，通过制定相关政策和投入资金来支持高校教师的数字素养提升和数字化教学的推广。政策支持和资金投入为高校教师提供了良好的学习和培训条件，促进了其数字素养的提升。

(2)高校与企业的合作。外国高校与企业之间的合作较为紧密，二者共同推动数字化教学的发展。企业为高校提供技术支持和资源支持，高校则利用这些资源进行教学改革和创新。这种合作模式有助于高校教师接触和了解最新的数字技术，并将其应用于教学中。

(3)教师个体的自我提升意识。外国高校教师普遍具有较强的自我提升意识，他们注重学习和掌握新的数字技术，以适应数字化时代的教学需求。同时，教师还注重培养学生的数字素养，使学生能够适应数字化时代的学习需求。这种自我提升意识是推动高校教师数字素养提升的重要因素之一。

(4)学生的积极参与和反馈。外国学生普遍对数字化学习持有积极态度。学生乐于尝试新的学习方式和技术，善于利用数字化工具进行自主学习和探究。这种积极参与和反馈有助于教师了解学生的学习需求和困难，从而有针对性地进行教学改革和创新。

由此可见，外国高校教师的数字素养普遍较高。这得益于教育政策与资金投入的支持、高校与企业的合作、教师个体的自我提升意识以及学生的积极参与和反馈等多方面因素。高水平数字素养不仅提高了教师的教学效率和质量，也为学生提供了更加丰富多元的学习体验。同时，我们也应该从中借鉴和学习有益的经验和做法，以提升我国高校教师的数字素养水平。

4.2 数字化教学环境下学生参与与反馈

在信息技术迅猛发展，人工智能蓬勃兴起，数字工具发挥越来越重要作用的今天，数字化教学已成为高校教育改革的重要趋势。数字化教学环境的构建不仅为高校教师提供了丰富的教学资源和多样的教学手段，也为学生提供了更加便捷、高效的学习途径。然而，在数字化教学环境下，学生的参与程度和反馈质量却呈现出复杂多样的态势。本小节旨在阐述我国高校当前数字化教学环境下学生参与与反馈的现状，并深入分析其成因。

（1）高校学生参与的现状。①参与程度的多样性。在数字化教学环境下，学生的参与程度呈现出多样性。一方面，部分学生能够积极利用数字化教学资源，主动参与到课程学习中来，通过在线讨论、小组协作、自主学习等方式深化对知识的理解。另一方面，也有部分学生由于各种原因，如学习动力不足、技术操作不熟练等，对数字化教学的参与程度较低，甚至出现了“逃课”“挂科”等现象。②参与方式的多样性。在数字化教学环境下，学生的参与方式也呈现出多样性。除了传统的课堂听讲外，学生还可以通过在线学习平台、移动学习应用等方式进行学习。同时，数字化教学还为学生提供了更多样化的互动方式，如在线讨论、即时通讯、网络投票等，这些方式能够激发学生的学习兴趣和积极性，提高学习效果。

（2）高校学生反馈的现状。①反馈内容的丰富性。在数字化教学环境下，学生的反馈内容非常丰富。学生不仅会对教师的教学内容、教学方法、教学态度等方面进行评价，还会对数字化教学资源的质量、易用性、有效性等方面提出意见和建议。这些反馈内容能够为教师提供宝贵的参考信息，有助于教师不断改进教学方法和提高教学质量。②反馈渠道的多样性。数字化教学环境下，学生可以通过多种渠道进行反馈。除了传统的面对面交流、问卷调查等方式外，学生还可以利用在线学习平台、社交媒体等数字化渠道进行反馈。这些渠道具有便捷、高效、即时等特点，能够让学生更加方便地表达自己的意见和建议。③反馈效果的差异性。在数字化教学环境下，学生反馈的效果也存在差异性。一方面，部分学生的反馈得到了教师的重视和回应，问题得到了及时解决和改进。另一方面，也有部分学生的反馈被忽视或未能得到及时有效的回应，导致问题得不到解决，甚至影响了学生的学习积极性。

（3）成因分析。①学生个体差异。不同学生在学习动力、学习兴趣、学习能力等方面存在差异，导致他们在数字化教学环境下的参与程度和反馈质量也不同。例如，学习动力强的学生能够更加积极地参与到课程学习中来，而学习动力不足的学生则容易出现“逃课”“挂科”等现象。②教师数字化教学能力。教师的数字化教学能力越强，越能够充分利用数字化教学资源进行教学设计、资源查找、课堂互动等，从而激发学生的学习兴趣和积极性，提高学习效果。同时，教师的数字化教学能力也决定了他们是否能够及时有效地回应学生的反馈，解决学生在学习中遇到的问题。③数字化教学资源的质量。高质量的数字化教学资源能够为学生提供丰富的学习内容和多样的学习方式，激发学生的学习兴趣和积极性。而低质量的数字化教学资源则可能导致学生学习效果不佳，甚至产生抵触情绪。因此，数字化教学资源的质量直接关系到学生的参与程度和反馈质量。④数字化教学环境的建设与管理。良好的数字化教学环境能够为学生提供便捷、高效的学习途径和丰富的互动方式，激发学生的学习兴趣和积极性。同时，数字化教学环境的建设与管理也涉及到技术支持、安全保障等方面的问题，这些问题如果得不到妥善解决，将直接影响学生的参与与反馈效果。

总之，当前我国高校数字化教学环境下学生参与与反馈的现状呈现出多样性和复杂性的特点。为了提高学生的参与程度和反馈质量，需要针对以上成因采取相应的措施和策略，如加强对学生个体差异的关注和引导、提高教师的数字化教学能力、优化数字化教学资源的质量、加强数字化教学环境的建设与管理等。只有这样，才能充分发挥数字化教学的优势和作用，提高高校教育教学质量和效果。

4.2.1　数字化教学环境下学生参与和反馈的重要性

在信息化席卷全球的浪潮下，数字化教学在我国高校教育中已逐渐成为主流。在这一主流教学模式下，学生的参与和反馈对于提升教学质量、优化教学策略具有重要意义。本小节将详细阐述我国高校数字化教学环境下学生参与和反馈的重要性，并深入探究其背后的逻辑。

4.2.1.1　学生参与在数字化教学中的重要性

（1）提升学习效果。在数字化教学环境中，学生的参与程度直接影响其学习效果。通过积极参与在线讨论、课程互动等活动，学生能够更深入地理解课程内容，巩固所学知识。同时，参与过程中的思考、讨论和合作，能够激发学生的主动性和创造性，有助于培养他们的独立思考和团队协作能力。

（2）增强学习动力。学生参与数字化教学能够增强他们的学习动力。在数字化教学环境中，学生可以通过多样化的学习方式，如观看视频、参与游戏、进行在线测试等，感受到学习的乐趣和成就感。这种积极的学习体验能够激发学生的学习热情，使他们更加主动地投入学习中。

（3）促进个性化学习。数字化教学为学生提供了个性化的学习条件。在参与数字化教学过程中，学生可以根据自己的兴趣和需求，选择适合自己的学习资源和学习路径。这种个性化的学习方式能够满足不同学生的需求，提高他们的学习效率和学习效果。

4.2.1.2 学生反馈在数字化教学中的重要性

（1）优化教学策略。学生反馈是教师优化教学策略的重要依据。通过收集和分析学生的反馈意见，教师可以了解学生对教学内容、教学方法和教学效果的评价，从而发现教学中存在的问题和不足。基于这些反馈意见，教师可以及时调整教学策略，改进教学方法，提高教学质量。

（2）增进师生互动。通过反馈，学生可以表达自己的学习需求和困惑，教师可以及时了解学生的想法和感受。这种双向的沟通有助于建立更加紧密的师生关系，增强师生之间的信任和互动。同时，学生反馈也能够促进教师自我反思和改进，推动教师专业成长。

（3）推动教学创新。学生反馈是推动教学创新的重要动力。在数字化教学环境中，学生的需求和期望不断变化。这要求教师在教学过程中不断创新和改进教学方法。通过收集和分析学生的反馈意见，教师可以发现新的教学需求和教学问题，从而探索新的教学方法和手段，推动教学创新。

4.2.1.3 学生参与和反馈与高校教学质量提升的关系

（1）教育理念的转变。随着教育理念的转变，高校教育越来越注重学生的主体地位和个性化需求。在数字化教学环境中，学生参与和反馈的重要性正是基于这一理念。通过参与和反馈，学生能够更好地发挥主体作用，实现个性化学习；教师则能够更好地了解学生需求，优化教学策略，提高教学质量。

（2）信息技术的支持。信息技术的快速发展为数字化教学提供了有力支持。在数字化教学环境中，学生可以通过各种数字化工具参与教学活动、获取学习资源、进行在线交流等；教师可以通过数字化平台收集和分析学生反馈意见、调整教学策略、改进教学方法等。这种技术支持使学生参与和反馈变得更加便捷和高效。

(3)教育质量的提升。学生参与和反馈对于提升教育质量具有重要意义。通过参与和反馈，学生能够更好地掌握知识和技能、提高学习效果；教师则能够更好地了解学生学习情况、优化教学策略、提高教学质量。这种良性循环有助于推动高校教育质量的不断提升。

我国高校数字化教学环境下学生参与和反馈的重要性不言而喻。学生参与能够提升学习效果、增强学习动力、促进个性化学习；学生反馈能够优化教学策略、增进师生互动、推动教学创新。这些重要性的背后，是教育理念的转变、信息技术的支持以及教育质量的提升等多方面的因素共同作用的结果。因此，我们应该充分重视学生参与和反馈在数字化教学中的作用和价值，并采取有效措施加以推动和落实。

4.2.2　大学生参与方式的多样性的成因

随着信息技术的快速发展和广泛应用，数字化教学已成为我国高校教育的重要组成部分。数字化教学以其独特的教学方式和手段，为大学生提供了更加多样化、个性化的学习途径。在数字化教学环境下，大学生参与方式的多样性日益凸显，这不仅体现了数字化教学的灵活性和创新性，也反映了大学生对学习的自主性和主动性。本小节旨在全面深入地分析在数字化教学环境下大学生参与方式多样性的现状及其成因。

4.2.2.1　大学生参与方式多样性的现状

(1)在线学习平台的广泛应用。在数字化教学环境下，大学生普遍利用在线学习平台进行自主学习。这些平台提供了丰富的学习资源，包括课程视频、教学课件、在线题库等，使大学生能够根据自己的学习进度和需求进行个性化的学习。同时，大学生还可以通过在线学习平台与教师和其他同学进行互动交流，分享学习心得和体会，提高学习效果。

(2)移动学习应用的便捷使用。随着智能手机和平板电脑的普及，移动学习应用成为大学生数字化学习的重要方式。这些应用具有便捷、灵活的特点，使大学生能够随时随地进行学习。例如，大学生可以通过移动学习应用查看课程信息、提交作业、参与讨论等，实现与课堂教学的无缝对接。

(3)社交媒体与学习的融合。在数字化教学环境下，社交媒体成为大学生学习交流的重要平台。大学生可以通过社交媒体关注教师、同学和学术机构的账号，获取最新的学术资讯和学习资源。同时，他们还可以在社交媒体上发起或参与学习讨论，分享学习心得和体会，拓展学习视野和思维方式。

(4)虚拟现实与增强现实技术的应用。随着虚拟现实(VR)和增强现实(AR)技术的不断发展，这些技术也逐渐被应用于高校数字化教学中。大学生可以通过 VR 和 AR 技术模拟实验场景、探索虚拟世界，实现沉浸式学习。这种学习方式不仅提高了学习的趣味性和互动性，还有助于大学生更好地理解和掌握复杂的知识内容。

4.2.2.2 大学生参与方式多样性的成因

（1）信息技术的快速发展。信息技术的快速发展为数字化教学提供了强有力的技术支撑。在线学习平台、移动学习应用、社交媒体和 VR/AR 技术等的应用，使大学生能够更加方便、快捷地获取学习资源，实现个性化的学习。同时，这些技术也为大学生提供了多样化的参与方式，使他们能够根据自己的需求和兴趣进行学习。

（2）教育理念的转变。随着教育理念的转变，高校越来越重视学生的主体地位和个性化需求。在数字化教学环境下，大学生可以更加自主地选择学习内容、学习方式和参与方式。这种自主性和主动性不仅激发了大学生的学习兴趣和学习动力，也促进了他们参与方式的多样化。

（3）学习资源的丰富性。数字化教学环境下，丰富的学习资源为大学生提供了多样化的选择。大学生可以根据自己的需求和兴趣，选择适合自己的学习资源进行学习。这些资源包括课程视频、教学课件、在线题库、学术论文等，涵盖了各个学科领域和知识点。同时，这些资源还以不同的形式呈现，如文字、图片、视频等，使大学生能够根据自己的学习风格和学习习惯进行选择。

（4）学习环境的开放性。数字化教学环境下，学习环境的开放性也为大学生参与方式的多样性提供了条件。大学生可以通过在线学习平台、社交媒体等渠道，与来自不同地区、不同背景的同学和教师进行交流和互动。这种开放性的学习环境不仅拓宽了大学生的视野和思维方式，也使他们能够借鉴他人的经验和智慧，提高自己的学习效率。

总之，在数字化教学环境下，大学生参与方式的多样性日益凸显。这种多样性的现状既体现了数字化教学的灵活性和创新性，也反映了大学生对学习的自主性和主动性。其成因主要包括信息技术的快速发展、教育理念的转变、学习资源的丰富性和学习环境的开放性等。未来，随着技术的不断进步和教育的深入发展，大学生参与方式将会更加丰富和多样化。

4.3　学生数字素养培养的教师角色与策略

数字素养不仅涉及基本的信息技术能力，更包含数字信息的获取、分析、评价、创新等多方面的能力。教师作为学生数字素养培养的重要引导者，其角色与策略显得尤为重要。本节旨在详细阐述教师在学生数字素养培养中的角色定位及其实施策略。

（1）教师角色定位。①引导者。教师应成为学生数字素养培养的引导者，通过课程设计和教学活动，引导学生认识数字素养的重要性，激发学生的学习兴趣和动力。②指导者。在学生学习过程中，教师应提供及时、有效的指导，帮助学生解决学习中遇到的问题，提高学生的自主学习能力和问题解决能力。③合作者。教师应与学生建立良好的合作关系，共同探索数字世界，分享学习成果和经验，促进学生的协作学习，共同进步。④示范者。教师应以身作则，展示良好的数字素养，为学生树立榜样，引导学生形成正确的数字道德观念和行为规范。

（2）实施策略。①更新教育观念，提高数字素养意识。教师应认识到数字素养对学生未来发展的重要性，不断更新教育观念，将数字素养培养融入日常教学中。同时，教师还应关注数字技术的发展趋势，不断提升自身的数字素养水平，从而更好地指导学生。②整合教学资源，丰富教学内容。教师应充分利用互联网、大数据等信息技术手段，整合优质教学资源，设计丰富多样的教学内容，以满足学生个性化、多样化的学习需求。通过跨学科、跨领域的融合教学，培养学生的跨学科思维能力和创新能力。③创新教学方法，提高教学效果。教师应积极探索和尝试新的教学方法，如项目式学习、翻转课堂、在线协作等，以激发学生的学习兴趣和动力。同时，教师还应关注学生的学习过程，注重培养学生的自主学习能力、合作学习能力和问题解决能力。④加强实践环节，提升应用能力。教师应注重实践环节的设计和实施，让学生在实践中学习、在应用中提升。通过组织各类实践活动，让学生将所学知识运用到实际生活中去，提高学生的实践能力和创新能力。⑤关注数字道德，培养良好行为习惯。教师在培养学生数字素养的同时，还应关注学生的数字道德教育和行为习惯培养。通过案例分析、课堂讨论等方式，引导学生形成正确的数字道德观念和行为规范。同时，教师还应关注学生的网络安全意识和信息保护能力，帮助学生防范网络风险。⑥搭建交流平台，促进家校合作。教师应积极搭建与家长、学生的交流平台，如家长会、微信群、在线论坛等，与家长、学生保持良好的沟通联系。通过交流平台的搭建，教师可以及时了解学生的学习情况和家长的需求建议，从而更好地指导学生数字素养的培养。同时，家长也可以通过交流平台了解孩子的学习进展和学校的教学动态，形成家校合力，共同促进学生的成长。⑦开展教师培训，提升专业素养。为了更好地指导学生数字素养的培养，教师应不断提升自身的专业素养。学校可以定期组织教师参加数字素养相关的培训活动或研讨会，帮助教师了解最新的教育理念和技术手段，提高教师的专业素养和教学能力。同时，教师之间也可以开展互相学习和交流的活动，分享教学经验和教学方法，共同提升教学水平。

学生数字素养的培养是一个长期而复杂的过程，需要教师、学校、家长和社会的共同努力。作为培养学生数字素养的重要引导者，教师应明确自身的角色定位和实施策略，不断更新教育观念和技术手段，关注学生的学习需求和成长发展，为学生的未来发展奠定坚实的基础。

4.3.1 学生数字素养培养的教师角色现状

随着信息技术的飞速发展，数字素养培养已经成为现代高等教育中不可或缺的一部分。高校作为培养高素质人才的重要基地，其学生数字素养的培养尤为重要。然而，当前我国高校在学生数字素养培养方面仍存在一些问题和挑战，其中之一就是教师在这一过程中的角色与策略。本小节旨在详细阐述当前我国高校学生数字素养培养中教师角色与策略的现状，并提出相应的建议。

4.3.1.1 教师角色定位的现状

(1)引导者角色。当前，大部分高校教师已经意识到数字素养对学生未来发展的重要性，并尝试在课堂教学中引导学生关注数字素养的培养。他们通过设计相关课程、组织实践活动等方式，引导学生认识数字素养的重要性，激发学生的学习兴趣和动力。

(2)指导者角色。在学生学习过程中，教师通常能够提供及时有效的指导，帮助学生解决学习中遇到的问题。然而，由于数字素养培养的复杂性和多样性，部分教师在指导过程中可能面临一定的挑战和困难。

(3)合作者角色。在数字素养培养过程中，教师与学生的合作尤为重要。然而，由于学生个体差异、学习风格等因素的影响，部分教师在与学生合作方面可能存在一定的困难。他们需要更加关注学生的个体差异，采用更加灵活多样的合作方式，以更好地促进学生的发展。

（4）示范者角色。作为示范者，教师应以身作则，展现良好的数字素养。然而，在实际教学中，部分教师由于自身数字素养水平有限，无法为学生提供良好的示范。因此，加强教师自身的数字素养培训显得尤为重要。

4.3.1.2　教师策略实施的现状

（1）更新教育观念。当前，大部分教师已经意识到数字素养对学生未来发展的重要性，并尝试更新教育观念。他们通过参加培训、阅读相关文献等方式，不断提高自身的数字素养水平，以更好地指导学生。

（2）整合教学资源。为了丰富教学内容，教师通常会积极整合各种教学资源。他们利用互联网、大数据等信息技术手段，收集优质的教学资源，设计多样化的教学内容，以满足学生的个性化需求。

（3）创新教学方法。为了激发学生的学习兴趣和动力，教师通常会尝试创新教学方法。他们采用项目式学习、翻转课堂、在线协作等新型教学方法，提高学生的学习积极性和参与度。

（4）加强实践环节。为了提高学生的实践能力和创新能力，教师通常会加强实践环节的设计和实施。他们组织各类实践活动，让学生在实践中学习、在应用中提升。

（5）关注数字道德。在培养学生数字素养的同时，教师通常会关注学生的数字道德教育。他们通过案例分析、课堂讨论等方式，引导学生形成正确的数字道德观念和行为规范。

4.3.1.3　存在的问题

尽管教师们在策略实施方面取得了一定成效，但仍存在一些问题。

（1）实施力度不足。部分教师在实施数字素养培养策略时，可能由于时间、精力等限制，无法充分落实各项措施。这导致学生在数字素养培养时无法得到充分的指导和支持。

（2）缺乏系统性。当前，高校在数字素养培养方面尚未形成完整的体系。各门课程、各个专业之间缺乏有效的衔接和融合，导致学生在数字素养培养方面缺乏系统性和连贯性。

（3）评价方式单一。当前，高校在数字素养评价方面通常采用单一的考试方式。这种方式难以全面评价学生的数字素养水平，也无法为教师的教学提供有效的反馈和指导。

4.3.1.4 解决问题的建议方法

针对上述问题，建议采取以下方法。

（1）加强教师培训。高校应加强对教师的数字素养培训，提高教师的专业素养和教学能力。同时，还应鼓励教师参与数字素养相关的研究和实践，以更好地指导学生。

（2）构建完整体系。高校应构建完整的数字素养培养体系，加强各门课程、各个专业之间的衔接和融合。同时，还应加强与企业、行业等的合作，共同推进学生数字素养的培养。

（3）创新评价方式。高校应创新数字素养评价方式，采用多元化的评价方式全面评价学生的数字素养水平。同时，还应建立反馈机制，为教师的教学提供有效的反馈和指导。

当前我国高校在学生数字素养培养方面已经取得了一定成效，但仍存在一些问题。为了更好地培养学生的数字素养，教师应明确自身的角色定位和实施策略，并不断提高自身的专业素养和教学能力。同时，高校也应构建完整的数字素养培养体系和创新评价方式，为学生提供更好的学习环境和学习支持。

4.3.2 学生数字素养培养的教师角色成因

当前我国高校在学生数字素养培养方面，教师的角色定位及其执行现状呈现出一定的局限性。为了深入理解这一现象，本小节将从多个维度出发，探讨教师角色现状形成的原因。

4.3.2.1 教育体制与传统观念的影响

（1）教育体制限制。我国的教育体制长期以来以应试教育为主，重视学生的知识掌握和考试成绩，而对学生综合素质的培养则相对不足。在这种教育体制下，教师往往更加注重知识的传授和考试的训练，而忽视了对学生数字素养的培养。同时，由于教育体制的限制，高校对数字素养教育的投入也相对较少，导致教师在数字素养培养方面缺乏必要的支持。

（2）传统观念束缚。在传统教育观念中，教师被视为知识的传递者，而学生则是知识的接受者。这种观念忽视了学生在学习过程中的主体性和创造性，也限制了教师在数字素养培养方面的创新性和主动性。在这种观念的影响下，教师往往采用传统的教学方式，难以适应数字化时代的教学需求。

4.3.2.2 教师数字素养水平的制约

（1）客观上，教师数字技能不足。随着信息技术的快速发展，数字化已经成为教育教学的必然趋势。然而，当前我国高校教师的数字素养水平普遍较低，缺乏必要的数字技能和知识。这导致教师在学生数字素养培养方面难以胜任，无法满足学生的需求。同时，由于自身数字技能不足，教师也难以有效地引导学生进行数字素养的学习和实践。

(2)主观上，教师数字意识薄弱。除了数字技能，教师的数字意识也是影响学生数字素养培养的重要因素。然而，当前我国高校教师的数字意识普遍较为薄弱，缺乏对数字化时代的深刻理解和认识。这导致教师在教学过程中难以融入数字元素，也难以引导学生形成正确的数字观念。

4.3.2.3 学校管理与资源分配的问题

(1)学校管理不足。学校的管理体制和机制对于教师角色定位和执行具有重要影响。然而，当前我国高校在数字素养培养方面的管理存在一些问题。一方面，学校对于数字素养教育的重视程度不够，缺乏相应的政策和措施；另一方面，学校对于教师数字素养的培养和发展也缺乏必要的支持和保障。这导致教师在数字素养培养方面缺乏必要的动力和资源。

(2)资源分配不均。在资源分配方面，高校往往将更多的资源投入到传统学科和领域中，对数字素养教育的投入则相对较少。这导致教师在数字素养培养方面缺乏必要的物质保障和人力资源支持。同时，由于资源分配不均，也导致不同学科和专业之间的数字素养教育存在差异和不平衡。

4.3.2.4 学生需求与课程设置的矛盾

(1)学生需求多样化。随着数字化时代的到来，学生对于数字素养的需求也呈现出多样化的趋势。然而，当前我国高校在课程设置方面往往过于单一和固定，难以满足学生的多样化需求。这导致学生在数字素养学习方面缺乏兴趣和动力，也限制了教师在数字素养培养方面的发挥和创新。

(2)课程设置滞后。此外，当前高校在课程设置方面也存在一定的滞后性。由于信息技术更新换代迅速，而高校课程设置往往跟不上时代的步伐。这导致学生在学校学到的数字知识和技能与实际需求存在较大的差距，也影响了教师在学生数字素养培养方面的效果和质量。

综上所述，当前我国高校学生数字素养培养的教师角色现状形成的原因是多方面的。教育体制与传统观念的影响、教师数字素养水平的制约、学校管理与资源分配的问题以及学生需求与课程设置的矛盾等因素共同导致了教师在学生数字素养培养方面面临的困境和挑战。为了改变这一现状，需要从多个方面入手，加强教师数字素养的培训和发展、优化学校管理和资源分配、调整课程设置和教学方式等，以更好地满足学生的数字素养需求并提升教师的教学效果和质量。

4.3.3 教师在学生数字素养培养方面的角色及实施策略

随着信息技术、互联网、大数据、云计算及人工智能等技术的飞速发展，数字素养已成为21世纪人才的核心素养之一。对高校学生而言，具备良好的数字素养不仅能帮助他们更好地适应信息化社会，还能提升他们的综合竞争力。在这一过程中，教师作为教育的引导者和实施者，其角色和实施策略至关重要。本小节将从教师角色定位、实施策略两个方面，探讨当前我国高校教师在学生数字素养培养方面的现状。

4.3.3.1 教师角色定位

（1）数字学习的引导者。在信息化时代，学生获取知识的途径更加多元化。教师在学生数字素养培养过程中应成为学生的引导者，引导学生自主学习、探究学习和合作学习。通过设计富有挑战性和启发性的学习任务，激发学生的学习兴趣和动力，培养他们的创新思维和实践能力。

（2）数字素养的评价者。评价是教育过程中不可或缺的一环。在数字素养培养方面，教师需要建立科学的评价体系，对学生的数字素养进行全面、客观、准确的评价。通过评价，教师可以了解学生的学习情况，发现学生存在的问题和不足，为后续的教学提供有针对性的指导。

（3）数字素养的倡导者。在数字素养培养过程中，教师首先应是数字素养的倡导者。他们需要充分认识到数字素养的重要性，积极宣传数字素养的概念和内涵，引导学生树立正确的数字素养观念。同时，教师还需要以身作则，通过自身的言行举止展现数字素养的魅力，为学生树立良好的榜样。

（4）数字技能的传授者。作为教育工作者，教师的核心任务是传授知识。在数字素养培养方面，教师需要具备扎实的数字技能，能够将先进的数字技术和工具融入课堂教学中，帮助学生掌握必要的数字技能。同时，教师还需要关注学生的个体差异，针对学生的不同需求提供个性化的指导。

4.3.3.2 实施策略

（1）更新教学理念。为了更好地培养学生的数字素养，教师需要更新教学理念，树立以学生为中心的教育观。在教学过程中，教师应关注学生的需求和发展，尊重学生的个性差异，关注学生的情感体验和学习过程。同时，教师还需要积极学习新的教学理论和教学方法，不断提升自己的教学能力。

（2）整合教学资源。在数字素养培养过程中，教师需要整合各种教学资源，为学生提供丰富的学习材料和实践机会。教师可以通过网络、图书馆等途径获取优质的教学资源，并将其融入课堂教学中。同时，教师还可以与企业、社会机构等开展合作，为学生提供实践机会和实习岗位，帮助他们更好地将理论知识与实践相结合。

（3）创新教学方法。为了激发学生的学习兴趣和动力，教师需要创新教学方法，采用多种教学方式和手段进行教学。例如，教师可以采用项目式学习、翻转课堂、在线协作等新型教学方式，提升学生的数字素养。同时，教师还可以利用信息技术手段，如多媒体教学、虚拟现实等，为学生提供更加丰富、生动的学习体验。

（4）加强教师培训。教师的数字素养水平直接影响学生的数字素养培养效果。因此，高校需要加强对教师的培训力度，提升他们的数字素养和教学能力。高校可以组织定期的数字素养培训活动，邀请专家学者进行授课和指导。同时，高校还可以鼓励教师参加各类学术交流活动，拓宽他们的视野和思路。

（5）建立评价体系。为了全面了解学生的数字素养水平，高校需要建立科学的评价体系。评价体系应包括多个方面，如数字技能、数字思维、数字伦理等。同时，评价体系应注重过程性评价和结果性评价相结合，既关注学生的学习过程，也关注学生的学习成果。通过评价体系的建立和实施，教师可以更好地了解学生的学习情况，为后续的教学提供有针对性的指导。

综上所述，在信息化时代，高校学生的数字素养培养显得尤为重要。作为教育的引导者和实施者，教师在学生数字素养培养方面扮演着重要角色。为了更好地培养学生的数字素养，教师需要更新教学理念、整合教学资源、创新教学方法、加强教师培训并建立科学的评价体系。只有这样，我们才能培养出具备良好数字素养的高校学生，满足社会对高素质人才的需求。

第 5 章　高校教师数字素养与课程设计

随着信息技术的飞速发展，高校教师数字素养的提升已成为高校教育改革的重要方向。数字素养不仅指运用数字技术进行教学和科研的能力，更包括对数字化教育理念的理解和应用。在高校课程设计中，教师数字素养的高低直接影响着课程质量、教学效果以及学生的学习体验。本章将从基本原则、教学目标与数字素养培养目标的融合、数字化教学资源在课程设计中的应用，以及课程评估与调整中的数字素养考量等方面，探讨高校教师数字素养与高校课程设计的关系。

（1）集体原则在课程设计中的应用。集体原则强调团队合作和共同决策，在高校课程设计中具有重要意义。首先，课程设计是一个复杂的过程，需要不同学科背景的教师共同参与，通过集体讨论和协商，确定课程目标、内容、方法和评估方式等。在这个过程中，教师的数字素养发挥着重要作用，他们可以利用数字技术共享资源、交流经验、协作备课，提高课程设计效率和质量。其次，集体原则有助于促进教师之间的知识共享和互补。在数字化时代，知识更新迅速，教师需要不断学习新知识和新技能。通过集体备课和讨论，教师可以互相学习、互相借鉴，共同提高数字素养和教学水平。同时，集体原则还有助于培养教师的团队合作精神和创新能力，为课程设计的持续改进和创新奠定基础。

（2）教学目标与数字素养培养目标的融合。教学目标是课程设计的核心，它指导着教学活动的方向和内容。在高校课程设计中，教师应将教学目标与数字素养培养目标相结合，使学生在学习过程中既掌握专业知识，又提升数字素养。首先，教师应明确数字素养培养的具体目标。这些目标可以包括提高学生的信息素养、技术能力、创新思维和问题解决能力等。通过将这些目标融入课程目标体系，教师可以在教学过程中有针对性地培养学生的数字素养。其次，教师应注重教学方法和教学手段的数字化。在教学过程中，教师可以运用多媒体、网络等数字技术，丰富教学手段和教学方式，提高学生的学习兴趣和参与度。同时，教师还可以引导学生利用数字资源进行自主学习和合作学习，培养学生的自主学习能力和合作学习能力。

(3)数字化教学资源在课程设计中的应用。数字化教学资源是高校课程设计的重要组成部分，它包括网络课程、电子教材、教学软件、在线数据库等。在高校课程设计中，教师应充分利用数字化教学资源，提高教学效果和学生的学习体验。①数字化教学资源可以丰富教学内容和教学形式。教师可以利用数字资源获取最新的教学素材和教学案例，将其融入课程中，使教学内容更加生动、有趣。同时，数字化教学资源还可以支持多种教学形式和教学手段，如在线测试、互动问答、虚拟实验等，提高学生的学习兴趣和参与度。②数字化教学资源可以优化教学流程和提高教学效率。教师可以通过网络平台发布课程信息、布置作业、进行在线答疑等，使教学过程更加便捷、高效。同时，数字化教学资源还可以支持学生自主学习和合作学习，使学习更加灵活、自主。

(4)课程评估与调整中的数字素养考量。课程评估是课程设计的重要环节，它有助于了解教师的教学效果和学生的学习情况，为课程调整和改进提供依据。在课程评估中，教师应充分考虑数字素养的考量因素，以全面评估学生的学习成果和教师的教学效果。①教师可以通过数字化手段收集学生的学习数据和行为数据，分析学生的学习情况和特点，为课程调整和改进提供依据。例如，教师可以通过在线测试、学习平台等收集学生的学习数据，了解学生的学习进度和学习困难点，为后续的教学活动提供有针对性的支持。②在课程评估中，教师应注重对学生数字素养的考察。这可以通过设计相关的测试题、项目作业等方式进行。通过对学生的数字素养进行考察和评价，教师可以了解学生在数字化学习方面的能力和水平，为后续的教学活动提供有针对性的指导和支持。

高校教师数字素养与高校课程设计之间存在着密切的联系。通过提高教师的数字素养、运用集体原则、融合教学目标与数字素养培养目标、充分利用数字化教学资源以及在课程评估中充分考虑数字素养的考量因素等方式，可以推动高校课程设计的创新和发展，提高教师的教学效果和学生的学习体验。

5.1 数字素养在高校课程设计中的基本原则

为了充分利用数字技术优化课程设计，提高教学质量，教师在课程设计过程中应遵循以下基本原则，确保数字素养的充分发挥和应用。

(1)整合性原则。整合性原则是指教师在课程设计中应充分利用数字技术，将不同学科、不同领域的知识进行有机融合，构建跨学科、综合性的课程体系。通过整合，教师可以打破传统学科的界限，引导学生从多个角度、多个层面去理解和分析问题，培养学生的创新思维和综合能力。同时，整合性原则也要求教师在课程设计中注重数字技术与教学内容的深度融合，使数字技术成为推动教学创新的重要工具。

（2）以学生为中心的原则。在高校课程设计中，以学生为中心的原则要求教师充分考虑学生的需求和兴趣，关注学生的学习过程和体验，满足学生的个性化学习需求。教师数字素养的提升可以帮助他们更好地了解学生的学习特点和学习方式，为学生提供更加符合他们需求的数字化学习资源和工具。同时，教师还可以通过数字技术与学生进行更加紧密的互动和交流，及时了解学生的学习情况和反馈，为学生提供更加个性化的学习支持和学习指导。

（3）目标导向性原则。目标导向性原则是指教师在课程设计中应明确课程目标，并围绕目标设计教学活动和教学内容。教师数字素养的提升可以帮助教师更加准确地把握课程目标，利用数字技术设计符合目标的教学活动和教学内容。例如，教师可以通过在线测试、数据分析等数字手段了解学生的学习进度和掌握情况，根据数据结果调整教学策略和方法，以确保课程目标的达成。

（4）互动性原则。互动性原则是指教师在课程设计中应注重师生之间的互动和交流，鼓励学生积极参与课堂活动，提高学生的参与度和主动性。教师数字素养的提升可以帮助教师更好地利用数字技术构建互动性强、参与度高的课堂环境。例如，教师可以通过网络平台发布课程信息、布置作业、进行在线答疑等，与学生进行实时互动和交流。同时，教师还可以利用虚拟现实、增强现实等数字技术创建沉浸式的学习环境，让学生在互动中学习和成长。

（5）创新性原则。创新性原则是指教师在课程设计中应注重创新思维和创新能力的培养，鼓励学生勇于探索、敢于创新。教师数字素养的提升可以帮助教师更加灵活地运用数字技术，设计具有创新性的教学活动和教学内容。例如，教师可以利用数字技术开展项目式学习、探究性学习等创新性的教学活动，让学生在活动中学习和创新。同时，教师还可以引导学生利用数字技术开展自主学习和合作学习，培养学生的自主学习能力和合作学习能力。

（6）可持续性原则。可持续性原则是指教师在课程设计中应注重课程的长远发展和可持续性，确保课程内容的时效性和实用性。教师数字素养的提升可以帮助教师更好地了解数字化教育的发展趋势和前沿技术，不断更新和优化课程内容和教学方式。同时，教师还可以通过数字技术收集和分析学生的学习数据和行为数据，为课程的持续改进和优化提供数据支持。

（7）实践与应用原则。实践与应用原则强调将数字素养融入实际教学和课程设计过程中，使理论与实践相结合。教师需要在课程设计中积极运用数字技术和工具，将数字素养转化为具体的教学方法和手段。例如，教师可以通过设计在线实验、虚拟仿真等实践活动，让学生在实践中提升数字素养。同时，教师还可以引导学生利用数字技术开展课外学习和研究，培养学生的自主学习能力和创新能力。

（8）反思与改进原则。反思与改进原则要求教师在课程设计过程中不断反思和改进自己的教学行为和教学方法。教师可以通过数字技术对教学过程和结果进行分析和评估，发现问题并寻找改进方案。同时，教师还需要关注学生的反馈和建议，及时调整课程内容和教学方式，以满足学生的需求和提高教学效果。

总之，教师数字素养在高校课程设计中具有重要作用。遵循以上基本原则，教师可以更好地发挥数字素养的优势，优化课程设计，提高教学质量，优化学生的学习体验。

在我国高校教育中，数字素养在课程设计中的整合性原则显得尤为重要。这一原则强调将数字素养的培养与课程内容、教学方法和评估方式等环节紧密结合，全面提升学生的数字技术应用能力和综合素质。以下是对数字素养在高校课程设计中整合性原则的详细阐述。

5.1.1　整合性原则

数字素养在高校课程设计中的整合性原则是一个值得重视和探讨的话题。通过整合性原则的实践，可以全面提升学生的数字技术应用能力和综合素质，为他们的未来发展打下坚实的基础。

5.1.1.1　数字素养与课程内容的整合

在课程设计过程中，应将数字素养的培养目标融入课程内容的规划中。这意味着不仅要教授学生相关的专业知识，还要引导他们学习并掌握数字技术的应用方法和技巧。例如，在文学课程中，可以要求学生使用数字工具进行文献检索、文本分析和数据可视化，从而培养他们的信息获取、处理和分析能力。在理工科课程中，可以引入模拟实验、虚拟现实等数字技术，帮助学生更直观地理解抽象概念和原理。

5.1.1.2　数字素养与教学方法的整合

教学方法的选择对于数字素养的培养至关重要。教师应采用多样化的教学方法，如项目式学习、翻转课堂、在线协作等，以激发学生的学习兴趣和主动性。同时，教师还可以利用数字技术工具，如多媒体教学课件、在线学习平台等，丰富教学方式，提高教学效果。例如，在项目管理课程中，教师可以要求学生分组完成一个数字项目，让他们在实践中掌握项目管理的知识和技能，同时提升他们的数字技术应用能力。

5.1.1.3　数字素养与评估方式的整合

评估是课程设计中不可或缺的一环。在课程设计的过程中，应将数字素养的评估纳入课程评估体系中。评估方式应多样化，包括传统的笔试、作业、小组讨论，以及数字化的作品展示、在线测试、虚拟实验等。这样可以更全面地了解学生在数字素养方面的表现，为教学改进提供有力支持。同时，评估结果还可以作为学生自我反思和学习的依据，帮助他们更好地提升自己的数字素养。

5.1.1.4　整合性原则的意义

数字素养在高校课程设计中的整合性原则具有重要意义。首先，它有助于提高学生的数字技术应用能力，使他们能够更好地适应信息化社会的发展需求。其次，它有助于培养学生的综合素质，包括批判性思维、创新能力、团队协作等。最后，它还有助于推动高校教育的改革和创新，促进教学方法的多样化发展。

5.1.2　以学生为中心原则

数字素养的培养在课程设计中应坚持以学生为中心的原则。这一原则强调在课程设计、教学实施和评估反馈等各个环节中，始终将学生的需求、兴趣和能力作为出发点和落脚点，旨在全面提升学生的数字素养和综合能力。

5.1.2.1　课程设计的出发点：满足学生需求

在进行高校课程设计时，应充分考虑学生的需求和兴趣。这意味着课程设计者需要深入了解学生的学习习惯、兴趣爱好以及未来职业规划，从而确保课程内容与学生的实际需求紧密结合。在数字素养的培养上，可以引入与学生专业相关的数字技术应用案例，激发学生的学习兴趣和动力，帮助他们更好地掌握和应用数字技能。

5.1.2.2　教学实施的过程：注重学生的参与和体验

在教学实施过程中，以学生为中心的原则要求教师注重学生的参与和体验。教师可以采用多样化的教学方法，如项目式学习、翻转课堂、在线协作等，引导学生积极参与课堂讨论和实践操作。同时，教师还可以利用数字技术工具，如多媒体教学课件、在线学习平台等，为学生创造更加生动直观的学习环境，提高他们的学习效果和学习兴趣。

在数字素养的培养上，教师可以设计一些与学生生活密切相关的数字应用任务，如数据收集与分析、网站设计与制作等，让学生在实践中学习和掌握数字技能。同时，教师还可以鼓励学生自主探索和创新，培养他们的创新思维和解决问题的能力。

5.1.2.3 评估反馈的机制：关注学生的发展和进步

在评估反馈环节，以学生为中心的原则要求教师关注学生的发展和进步。评估方式应多样化，不仅包括传统的笔试、作业等评价方式，还应引入在线测试、虚拟实验等数字化评价方式，以全面、客观地了解学生的学习情况。同时，评估结果应及时反馈给学生，帮助他们了解自己的学习进度和不足之处，为他们的后续学习提供指导。

在数字素养的评估上，可以设计一些与学生专业相关的数字应用项目，让学生在完成项目的过程中展示自己的数字素养和能力。同时，教师还应关注学生的创新精神和实践能力，给予他们充分的肯定和鼓励。

在高校课程设计中坚持以学生为中心的原则对于培养学生的数字素养具有重要意义。通过深入了解学生的需求和兴趣、注重学生的参与和体验以及关注学生的发展和进步，可以全面提升学生的数字素养和综合能力，助力优秀人才的养成。

5.1.3 互动性原则

为了更有效地提升学生的数字素养，高校课程设计应坚持互动性原则，以促进师生之间的积极互动和知识的有效传递。以下是对这一原则在高校数字素养课程设计中的详细阐述。

5.1.3.1 互动性原则的内涵

互动性原则强调在教学过程中，教师与学生、学生与学生之间应建立积极有效的互动关系。这种互动不限于传统的问答形式，还包括各种形式的交流与合作，如小组讨论、项目合作、在线交流等。在数字素养课程设计中，互动性原则尤为重要，因为它能够激发学生的学习兴趣，提高他们的参与度和学习效果。

5.1.3.2 互动性原则在数字素养课程设计中的应用

（1）设计互动性强的教学内容。在数字素养课程设计中，教师应注重设计互动性强的教学内容。例如，通过案例分析、实际操作等方式，让学生积极参与其中，主动思考和解决问题。同时，教师还可以根据学生的学习情况和反馈，灵活调整教学内容和进度，以满足学生的个性化需求。

（2）采用多样化的互动教学方法。为了激发学生的学习兴趣和提高参与度，教师应采用多样化的互动教学方法。例如，利用多媒体教学工具展示数字素养的相关知识和技能；通过小组讨论、角色扮演等方式，让学生在互动中学习和交流；

借助在线学习平台，为学生提供丰富的学习资源和互动机会。

(3)建立有效的互动反馈机制。在数字素养课程设计中，教师应建立有效的互动反馈机制。通过课堂观察、作业批改、在线交流等方式，及时了解学生的学习情况和学习问题，并给予针对性的指导和帮助。同时，教师还应鼓励学生之间互相学习和交流，形成良好的学习氛围和合作精神。

5.1.3.3　互动性原则的优势

(1)激发学生的学习兴趣和参与度。通过互动性原则的应用，教师可以设计更具吸引力和挑战性的教学内容和教学方法，从而激发学生的学习兴趣和提高参与度。学生可以在互动中主动思考和解决问题，提高学习效果。

(2)培养学生的团队协作和沟通能力。在互动过程中，学生需要与教师、同学进行积极的交流和合作。这有助于培养他们的团队协作能力和沟通能力，为他们未来的职业发展和社会适应奠定良好的基础。

(3)促进知识的有效传递和共享。互动性原则强调知识的双向传递和共享。在互动过程中，教师和学生可以共同分享知识和经验，相互启发和借鉴。这有助于促进知识的有效传递和共享，提高教师的教学效果和学生的学习成果。

综上所述，互动性原则在高校数字素养课程设计中具有重要意义。通过设计互动性强的教学内容、采用多样化的互动教学方法以及建立有效的互动反馈机制等措施，可以激发学生的学习兴趣和提高参与度，培养他们的团队协作能力和沟通能力，促进知识的有效传递和共享。

5.1.4　目标导向性原则

在我国高校，随着信息技术的迅猛发展，数字素养已成为学生必备的核心能力之一。为了有效提升学生的数字素养，高校在课程设计中应坚持目标导向性原则，确保课程设计紧密围绕明确的教学目标展开。以下是对这一原则在高校数字素养课程设计中的深入阐述。

5.1.4.1　目标导向性原则的定义与重要性

目标导向性原则是指在课程设计过程中首先明确教学目标，并以此为导向，设计教学内容、教学方法和评估方式。这一原则在数字素养课程设计中尤为重要，因为它能够确保教学活动具有针对性和实效性，帮助学生系统地掌握数字技能，提升他们的综合素质。

5.1.4.2 目标导向性原则在数字素养课程设计中的应用

（1）明确数字素养教学目标。在数字素养课程设计中，首要任务是明确教学目标。这些目标应该具体明确，涵盖信息检索、数据处理、技术应用等多个方面。通过明确目标，教师可以清晰地了解课程的教学方向和重点，为后续的课程设计提供依据。

（2）围绕目标设计教学内容。在明确教学目标后，教师应围绕这些目标设计教学内容。教学内容应与目标紧密相关，确保学生能够在学习过程中逐步达到这些目标。同时，教学内容应具有系统性和层次性，从基础知识到高级应用逐步深入，帮助学生构建完整的数字素养知识体系。

（3）选择合适的教学方法。为了达成教学目标，教师需要选择合适的教学方法。在数字素养课程设计中，教师可以采用项目式教学、案例教学、实践教学等多种方法，让学生在实践中学习和掌握数字技能。同时，教师还可以利用信息技术手段，如在线教学平台、多媒体教学工具等，提高教学效果和学生的学习兴趣。

（4）制订科学的评估方式。评估是检验教学目标是否达成的重要手段。在数字素养课程设计中，教师应制订科学的评估方式，包括平时表现、作业、考试等多个方面。评估内容应与教学目标紧密相关，能够全面反映学生的数字素养水平。同时，评估结果应及时反馈给教师，帮助他们了解教学效果和学生的学习情况，为后续的教学改进提供依据。

5.1.4.3 目标导向性原则的优势

（1）提高教学效果。通过明确教学目标和围绕目标设计教学内容和教学方法，可以确保教学活动具有针对性和实效性，提高教学效果。

（2）促进学生全面发展。目标导向性原则强调学生的全面发展，不仅关注他们的数字技能掌握情况，还关注他们学习态度、创新思维和团队协作能力等方面的培养。

（3）有利于教学改革和创新。坚持目标导向性原则可以促进教师不断反思和改进教学方法和教学手段，推动教学改革和创新。

综上所述，目标导向性原则在高校数字素养课程设计中具有重要意义。通过明确教学目标、围绕目标设计教学内容和教学方法以及制订科学的评估方式等措施，可以确保教学活动具有针对性和实效性，有效提升学生的数字素养水平。

5.1.5　创新性原则

在我国高校，随着信息技术的飞速发展，数字素养已成为学生适应未来社会的重要能力之一。为了有效提升学生的数字素养，高校在课程设计中应坚持创新性原则，不断探索和尝试新的教学理念、方法和手段，以满足时代发展的需要。以下是对这一原则在高校数字素养课程设计中的深入阐述。

5.1.5.1　创新性原则的定义与重要性

创新性原则是指在高校数字素养课程设计中，注重创新思维和创新能力的培养，通过引入新的教学理念、方法和手段，激发学生的学习兴趣和创造力，培养他们的创新意识和实践能力。这一原则对于提升学生的数字素养水平具有重要意义，它能够帮助学生更好地适应快速发展的信息时代，提高他们的综合素质和竞争力。

5.1.5.2　创新性原则在数字素养课程设计中的应用

（1）引入新的教学理念。在数字素养课程设计中，教师应引入新的教学理念，如以学生为中心、问题导向等，注重培养学生的自主学习能力和创新能力。通过引导学生主动探索、发现和解决问题，激发他们的学习兴趣和创造力，培养他们的创新思维和实践能力。

（2）探索新的教学方法。为了培养学生的数字素养，教师应不断探索新的教学方法。例如，可以采用项目式学习、翻转课堂等教学方法，让学生在实践中学习和掌握数字技能。同时，教师还可以利用信息技术手段，如虚拟现实、人工智能等，为学生提供更加丰富生动的学习体验，激发他们的学习兴趣和创造力。

（3）创新课程内容与形式。在数字素养课程设计中，教师应注重课程内容和形式的创新，可以引入前沿的数字技术知识和应用案例，让学生了解最新的数字技术发展动态和应用趋势。同时，教师还可以设计具有挑战性和实践性的课程项目，让学生在实践中锻炼和提升数字技能。

（4）加强跨学科融合。数字素养的培养不仅局限于某一学科领域，而是需要跨学科的融合与交叉。因此，在数字素养课程设计中，教师应注重跨学科的知识融合与资源整合，打破学科壁垒，促进不同学科之间的交流和合作。通过跨学科的学习和实践，学生可以更加全面地了解和掌握数字技能，提高他们的综合素质和竞争力。

5.1.5.3　创新性原则的优势

（1）激发学生的学习兴趣和创造力。通过引入新的教学理念、方法和手段，可以激发学生的学习兴趣和创造力，培养他们的创新意识和实践能力。

(2)提高学生的综合素质和竞争力。创新性原则注重学生的全面发展，通过跨学科的知识融合与资源整合，可以提高学生的综合素质和竞争力，为他们未来的职业发展和社会适应奠定良好的基础。

(3)推动教学改革和创新。坚持创新性原则可以促进教师不断反思和改进教学方法和手段，推动教学改革和创新，提高高校的教育质量和人才培养水平。

综上所述，创新性原则在高校数字素养课程设计中具有重要意义。通过引入新的教学理念、探索新的教学方法、创新课程内容和形式以及加强跨学科融合等措施，可以激发学生的学习兴趣和创造力，提高他们的数字素养水平和综合素质。

5.2 教学目标与数字素养培养目标的融合

在我国高校，教学目标与数字素养培养目标的融合已成为教育改革的重要方向。本节将从现状、成因、未来发展及与国外高校的差距等方面，探讨我国高校教学目标与数字素养培养目标的融合情况。

(1)现状。当前，我国高校普遍重视数字素养的培养，将数字素养纳入教学目标体系，并在课程设计中加以体现。然而，在实际操作中，教学目标与数字素养培养目标的融合仍存在一些问题。①融合程度不够深入。许多高校虽然将数字素养纳入教学目标，但在具体实施过程中，往往只是停留在表面，缺乏深入的融合。课程设计中的数字技术应用不够广泛，未能充分发挥数字素养在教学中的作用。②教学目标单一化。部分高校在设定教学目标时，过于注重知识的传授和技能的训练，忽视了数字素养的培养。这导致学生在掌握专业知识的同时，缺乏数字思维和创新能力。③教师数字素养水平参差不齐。高校教师的数字素养水平直接影响教学目标与数字素养培养目标的融合。目前，部分教师数字素养水平较低，难以在教学中有效融入数字素养培养。

(2)成因。①教育理念滞后。部分高校教师的教育理念仍停留在传统的教学模式上，未能充分认识到数字素养在人才培养中的重要性。这导致在设定教学目标时，未能充分考虑数字素养的培养。②课程设计缺乏创新。部分高校在课程设计上缺乏创新，未能充分利用数字技术优化教学内容和教学方式。③教师培训不足。高校教师的数字素养水平直接影响教学目标与数字素养培养目标的融合。然而，目前部分高校在教师培训上投入不足，导致教师数字素养水平参差不齐。

(3)未来发展。①深化融合程度。未来，高校应进一步深化教学目标与数字素养培养目标的融合程度。在课程设计中，应广泛应用数字技术，创新教学方式和教学手段，使数字素养成为推动教学创新的重要工具。同时，高校还应加强跨学科课程的开发，打破学科壁垒，培养具有跨学科素养的复合型人才。②丰富教学目标。高校在设定教学目标时，应充分考虑数字素养的培养。除了注重知识的传授和技能的训练，还应注重培养学生的数字思维、创新能力和批判性思维等素养。通过多元化的教学目标，全面提升学生的综合素质。③提升教师数字素养水平。高校应加强对教师的培训和支持，提升教师的数字素养水平。通过定期的培训、研讨和交流等活动，让教师了解最新的数字技术和教育理念，掌握数字技术的应用方法和手段。同时，高校还应建立激励机制，鼓励教师积极参与数字素养的培养和教学创新。

(4)与国外高校的差距。与国外高校相比，我国高校在教学目标与数字素养培养目标的融合方面仍存在一定差距。①教育理念差异。国外高校在教育理念上更加注重学生的全面发展和创新能力的培养。在设定教学目标时，他们更加注重数字素养的培养，并将其作为推动教学创新的重要工具。相比之下，我国部分高校在教育理念上仍停留在传统的教学模式，对数字素养的培养重视不够。②课程设计创新不足。国外高校在课程设计上更加注重创新性和实践性。他们广泛应用数字技术优化教学内容和教学方式，设计具有创新性和实践性的课程。相比之下，我国部分高校在课程设计上缺乏创新，未能充分利用数字技术优化教学内容和教学方式。③教师培训投入不足。国外高校在教师培训上投入较大，注重提升教师的数字素养水平。他们通过定期的培训、研讨和交流等活动，让教师了解最新的数字技术和教育理念。相比之下，我国部分高校在教师培训上投入不足，导致教师数字素养水平参差不齐。

教学目标与数字素养培养目标的融合是我国高校教育改革的重要方向。未来，高校应深化融合程度、丰富教学目标、提升教师数字素养水平，并借鉴国外高校的成功经验，不断提高教学质量和人才培养质量。

5.2.1　教学目标与数字素养培养目标的融合现状

在当前的大学教育中，高校教师的数字素养已成为高等教育中不可或缺的一项基本能力。在我国高校教育中，数字素养的培养也逐渐受到重视，并与教学目标深度融合，旨在提升学生的综合素质和适应未来社会的能力。本节将从融合状况、取得的成就两个方面，对我国高校教学目标与数字素养培养目标的融合进行深入探讨。

5.2.1.1 教学目标与数字素养培养目标的融合状况

（1）融合趋势的形成。近年来，我国高校教育面临着诸多挑战和变革，其中最为显著的就是信息技术的快速发展给教育教学带来的冲击。为了适应这一变化，高校开始重视数字素养的培养，并将其纳入教学目标之中。在教学目标的设定上，高校不仅关注学生的专业知识学习，还注重培养学生的数字技能、信息素养和创新能力等综合素质。这种融合趋势的形成，体现了高校教育对时代发展的积极响应和主动变革。

（2）融合的具体表现。①课程设置上的融合。高校在课程设置上充分考虑数字素养的培养需求，开设了一系列与数字技术相关的课程，如信息技术、大数据、人工智能等。这些课程不仅涵盖了数字技术的基础知识和技能，还注重培养学生的实践能力和创新精神。同时，高校还将数字素养融入其他专业课程中，使学生在学习专业知识的同时，也能提升数字素养。②教学方法上的融合。高校在教学方法上积极探索与数字素养培养相适应的教学模式。例如，采用项目式学习、翻转课堂等教学方法，让学生在实践中学习和掌握数字技能；利用在线教学平台、虚拟实验室等数字化教学资源，为学生提供更加丰富生动的学习体验。这些教学方法的运用，不仅提高了学生的学习兴趣和积极性，还有助于培养学生的自主学习能力和创新能力。③教学评价上的融合。高校在教学评价上注重对学生数字素养的考察。通过课程作业、项目实践、在线测试等方式，全面了解学生的数字技能和信息素养水平。同时，高校还鼓励学生参与学科竞赛、创新创业等活动，通过实践锻炼提升数字素养和综合能力。

5.2.1.2 教学目标与数字素养培养目标的融合取得的成就

（1）学生数字素养水平显著提升。通过教学目标与数字素养培养目标的融合，学生的数字素养水平得到了显著提升。他们不仅掌握了基本的数字技能和信息素养，还具备了较强的实践能力和创新精神。这有助于他们更好地适应未来社会的需求和挑战。

（2）教学质量和效果不断提高。教学目标与数字素养培养目标的融合促进了教学质量的提高和教学效果的改善。教师在教学过程中更加注重培养学生的综合素质和实践能力，通过多样化的教学方法和教学手段激发学生的学习兴趣和积极性。同时，教学评价体系的完善也为学生提供了更加全面客观的评价结果。

5.2.2 教学目标与数字素养培养目标存在的问题

（1）融合程度不够深入。尽管教学目标与数字素养培养目标的融合已经取得了一定的成果，但仍然存在融合程度不够深入的问题。部分高校在课程设置、教学方法等方面仍然以传统的教学方式为主，未能充分利用数字技术提升教学质量和改善教学效果。

（2）教师数字素养水平参差不齐。教师的数字素养水平是影响教学目标与数字素养培养目标融合的关键因素。然而，目前高校教师的数字素养水平参差不齐，部分教师缺乏必要的数字技能和信息素养，难以适应数字化教学的需求。

（3）教学资源建设仍需加强。教学资源是教学目标与数字素养培养目标融合的重要保障。然而，目前高校在数字化教学资源建设方面还存在不足，如资源数量不足、质量不高、更新不及时等，难以满足数字化教学的需求。

教学目标与数字素养培养目标的融合是我国高校教育的重要发展方向之一。通过深入分析融合现状，我们可以看到融合趋势已经形成并取得了一定的成果，但仍存在一些问题和挑战。未来，高校应进一步加大融合力度，提高融合质量，加强教学资源建设，提升教师数字素养水平，以更好地适应数字化时代的需求和挑战。

5.3　数字化教学资源在课程设计中的应用

随着信息技术的快速发展，数字化教学资源在我国高校课程设计中的应用日益广泛。数字化教学资源以其独特的优势，为高等教育的教学改革和人才培养提供了新的思路和方法。本节将从数字化教学资源在课程设计中的应用现状、形成原因、优缺点、未来发展方向及其对高等教育质量、人才培养的影响等方面进行深入探讨。

（1）数字化教学资源在课程设计中的应用现状。近年来，我国高校在课程设计过程中越来越注重数字化教学资源的应用。这些资源涵盖了电子书籍、在线课程、教学视频、模拟实验等多种形式，为师生提供了丰富多样的学习材料。数字化教学资源的应用主要体现在以下几个方面：①教学内容的拓展。数字化教学资源能够突破传统教材的局限，为学生提供更广泛、更深入的学科知识。通过在线课程、电子书籍等资源，学生可以接触到更多前沿的研究成果和学术观点，拓宽视野，提高学习兴趣。②教学方式的创新。数字化教学资源为教师提供了更多的教学手段和教学工具，如多媒体教学课件、虚拟仿真实验等。这些工具能够生动形象地展示学科内容，激发学生的学习兴趣，改善教学效果。③学习方式的个性化。

数字化教学资源能够根据学生的个性化需求和学习进度，提供定制化的学习内容和学习路径。学生可以根据自己的实际情况选择适合自己的学习方式和学习节奏，实现个性化学习。

（2）数字化教学资源应用现状形成的原因。数字化教学资源在我国高校课程设计中的应用现状的形成，主要受到以下几个方面的因素影响：①信息技术的发展。随着信息技术的不断进步，数字化教学资源的形式和内容不断丰富，为高校课程设计提供了更多的选择和可能性。②教育改革的推动。我国高等教育改革不断深入，对教学质量和人才培养提出了新的要求。数字化教学资源的应用能够满足这些要求，推动教学改革向纵深发展。③师生需求的驱动。随着信息技术的普及和应用，师生对数字化教学资源的需求不断增加。他们希望通过数字化教学资源获取更多的学习资源和更好的学习体验。

（3）数字化教学资源的优点。①资源丰富多样。数字化教学资源涵盖了电子书籍、在线课程、教学视频等多种形式，能够满足师生多样化的学习需求。②更新速度快。数字化教学资源能够迅速更新和补充，保持学科知识的时效性和前沿性。③互动性强。数字化教学资源能够提供丰富的互动功能和互动工具，促进师生之间的交流和互动。

（4）数字化教学资源的缺点。①质量参差不齐。由于数字化教学资源来源广泛，质量参差不齐，师生需要具备一定的信息辨别能力。②依赖性强。过度依赖数字化教学资源可能导致师生对纸质教材和其他传统教学资源的忽视。③技术要求高。数字化教学资源的应用需要师生具备一定的信息技术素养和技能。

（5）数字化教学资源未来的发展方向。未来，数字化教学资源在我国高校课程设计中的应用将继续深入发展，主要体现在以下几个方面：①智能化发展。利用大数据、人工智能等技术，实现数字化教学资源的智能推荐和个性化定制，进一步提高教学质量和人才培养质量。②跨学科融合。加强不同学科之间的数字化教学资源共享和融合，促进跨学科学习和研究的发展。③国际化拓展。积极引进国外优质的数字化教学资源，加强与国际高校的合作和交流，提高我国高等教育的国际竞争力。

（6）对高等教育质量、人才培养的影响。数字化教学资源在课程设计中的应用对高等教育质量和人才培养产生了深远的影响：①提高教学质量。数字化教学资源的应用丰富了教学内容和教学手段，提高了教学质量。②促进个性化学习。数字化教学资源能够满足学生的个性化需求和适应个性化学习进度，促进个性化学习的发展。③培养创新型人才。数字化教学资源的应用能够培养学生的创新思维和实践能力，培养适应未来社会需求的创新型人才。

总之，数字化教学资源在我国高校课程设计中的应用具有重要的意义和价值。未来，我们应继续加强数字化教学资源的建设和应用，推动高等教育教学改革和人才培养质量的提升。

5.3.1　数字化教学资源在课程设计中的应用现状

当前，数字化教学资源不仅丰富了教学内容和教学形式，还提高了教学效率和教学质量。然而，在数字化教学资源的应用过程中，仍然存在一些问题和挑战。本小节将从现状、问题以及未来展望三个方面，对我国高校数字化教学资源在课程设计中的应用进行深入探讨。

5.3.1.1　数字化教学资源在高校课程设计中的应用现状

（1）数字化教学资源的丰富性。近年来，我国高校在数字化教学资源建设方面取得了显著成就。各高校纷纷投入大量资金和人力，建设了包括网络课程、在线教材、多媒体课件、数字化实验平台等在内的丰富多样的数字化教学资源。这些资源不仅覆盖了各个学科领域，而且形式多样、内容丰富，为课程设计提供了有力支持。

（2）数字化教学资源在课程设计中的应用程度。目前，我国高校在课程设计中已经开始广泛应用数字化教学资源。教师们在备课过程中，可以通过网络搜索、在线图书馆等途径获取丰富的数字化教学资源，为课程设计提供有力支持。同时，在教学过程中，教师们也可以利用多媒体课件、在线教学平台等工具，将数字化教学资源融入课堂教学中，改善教学效果。

（3）数字化教学资源应用的成效。数字化教学资源的应用在提高教学质量、促进学生发展等方面取得了显著成效。首先，数字化教学资源的应用丰富了教学内容和教学形式，使教学更加生动有趣、直观形象。其次，数字化教学资源的应用提高了教学效率和质量，使教师们能够更加便捷地备课、授课和评估学生的学习效果。最后，数字化教学资源的应用还促进了学生的自主学习和探究性学习，激发了学生的学习兴趣和创造力。

5.3.1.2　存在的问题与挑战

（1）数字化教学资源的质量参差不齐。虽然我国高校在数字化教学资源建设方面取得了显著成就，但数字化教学资源的质量存在参差不齐的问题。一些资源内容陈旧、形式单一、缺乏创新性和实用性，难以满足教师和学生的需求。这在一定程度上影响了数字化教学资源在课程设计中的应用效果。

（2）教师对数字化教学资源的应用能力有待提高。目前，虽然大部分教师已经认识到数字化教学资源的重要性并开始尝试应用，但他们的应用能力还有待提高。一些教师缺乏数字化教学资源应用的相关知识和技能，难以充分利用数字化教学资源进行教学设计。这在一定程度上限制了数字化教学资源在课程设计中的应用范围和效果。

（3）学生对数字化教学资源的利用不够充分。虽然数字化教学资源为学生的学习提供了便利和更多选择，但一些学生对数字化教学资源的利用还不够充分。他们可能只是被动地接受教师提供的数字化教学资源，而没有主动地去搜索、筛选和利用更多的资源。这在一定程度上影响了数字化教学资源在学生自主学习和探究性学习中发挥作用。

5.3.1.3 未来展望

（1）加强数字化教学资源的质量建设。为了提高数字化教学资源在课程设计中的应用效果，我们需要加强数字化教学资源的质量建设。一方面，我们需要加大投入力度，建设更多优质、创新、实用的数字化教学资源；另一方面，我们还需要加强对数字化教学资源的质量评估和管理，确保资源的质量和可用性。

（2）提高教师的数字化教学能力。为了提高教师对数字化教学资源的应用能力，我们需要加强对教师的数字化教学培训和能力提升。一方面，我们需要加强教师的信息技术培训，提高他们的信息素养和技术能力；另一方面，我们还需要加强教师的数字化教学设计能力培训，帮助他们更好地利用数字化教学资源进行教学设计。

（3）引导学生主动利用数字化教学资源。为了充分发挥数字化教学资源在学生自主学习和探究性学习中的作用，我们需要引导学生主动利用数字化教学资源。一方面，我们可以通过课程设置和教学方式改革，鼓励学生自主搜索、筛选和利用数字化教学资源；另一方面，我们还可以建立数字化教学资源共享平台和学习社区，为学生提供更多交流和合作的机会。

5.3.2 对高等教育质量、人才培养的影响

数字化教学资源在高校教育中的应用日益广泛，对高等教育质量和人才培养产生了深远影响。数字化教学资源以其独特的优势，如资源丰富、形式多样、交互性强等，为高等教育提供了前所未有的发展机遇。本小节将从高等教育质量和人才培养两个方面，详细阐述数字化教学资源应用的影响。

5.3.2.1 数字化教学资源对高等教育质量的影响

（1）优化教学方法，提高教学质量。数字化教学资源的应用使教学方法更加多样化和灵活化。教师可以通过多媒体课件、在线课程、虚拟实验室等数字化教学资源，将抽象的理论知识以直观、生动的方式呈现给学生，提高学生的学习兴

趣和积极性。同时，数字化教学资源还支持互动式、探究式和合作式等教学模式，有助于学生深入理解知识，培养解决问题的能力。这种教学方法的优化，不仅提高了教学质量，也为学生提供了更加优质的学习体验。

（2）丰富教学内容，拓展学生视野。数字化教学资源涵盖了各个学科领域，包括最新的科研成果、经典案例、行业资讯等。这些资源的引入，不仅丰富了教学内容，也拓展了学生的视野。学生可以通过数字化教学资源了解最新的学术动态和行业发展趋势，掌握前沿的知识和技能。此外，数字化教学资源还支持跨学科的整合和应用，有助于培养学生的综合素质和创新能力。

（3）提高教学效率，降低教学成本。数字化教学资源的应用使得教学更加高效和便捷。教师可以通过网络平台发布课件、布置作业、进行在线答疑等教学活动，节省了大量的时间和人力成本。同时，学生也可以通过网络平台随时随地访问学习资源、提交作业、参与讨论等，提高了学习效率。此外，数字化教学资源还具有可重复利用的特点，降低了教学成本。

5.3.2.2 数字化教学资源对人才培养的影响

（1）促进个性化学习，满足学生需求。数字化教学资源的应用使得学习更加个性化和自主化。学生可以根据自己的兴趣、需求和进度选择适合自己的学习资源和学习方式。同时，数字化教学资源还支持个性化的学习路径定制和智能推荐功能，能够为学生提供更加精准的学习支持。这种个性化的学习方式有助于激发学生的学习兴趣和动力，培养他们的自主学习能力和终身学习能力。

（2）培养创新精神和实践能力。数字化教学资源的应用鼓励学生进行探究式和合作式学习，有助于培养他们的创新精神和实践能力。学生可以通过数字化教学资源进行自主学习、独立思考和团队协作等活动，发现问题、解决问题并创造新的价值。同时，数字化教学资源还支持虚拟实验和模拟训练等功能，为学生提供实践操作的机会和平台，提高他们的实践能力和技能水平。

（3）提高综合素质和国际竞争力。数字化教学资源的应用有助于提高学生的综合素质和国际竞争力。通过引入国际化的课程内容和教学资源，学生可以了解不同国家的文化和教育模式，提高他们的跨文化交流和合作能力。同时，数字化教学资源还支持跨学科和综合性的学习模式，有助于培养学生的综合素质和创新能力。此外，数字化教学资源的应用还为学生提供了更加广阔的学习空间和更加丰富的学习机会，有助于他们拓展国际视野、提高国际竞争力。

5.3.2.3 结论与展望

综上所述，数字化教学资源的应用对高等教育质量提升和人才培养产生了深远影响。它优化了教学方法、丰富了教学内容、提高了教学效率，同时促进了个性化学习、培养了创新精神和实践能力、提高了综合素质和国际竞争力。未来，随着信息技术的不断发展和创新应用的不断涌现，数字化教学资源将在高等教育中发挥更加重要的作用。我们应该进一步加强对数字化教学资源的研究和应用探索，推动高等教育质量和人才培养水平的不断提高。

5.3.3 数字化教学资源在课程设计中的未来发展方向

随着信息技术的飞速发展和信息化设备价格越来越低，以及我国对高校持续不断的资金投入，数字化教学资源在课程设计中扮演着越来越重要的角色，为教育教学改革注入了新的活力。本节将深入探讨我国高校数字化教学资源在课程设计中的未来发展方向，并分析其背后的原因。

5.3.3.1 未来发展方向

（1）智能化与个性化。随着人工智能技术的不断进步，未来数字化教学资源在课程设计中的应用将更加智能化和个性化。通过对学生学习行为的大数据分析，系统能够智能推荐适合学生个人特点和需求的学习资源，实现个性化学习路径的定制。同时，智能教学助手能够根据学生的实时反馈调整教学策略，提供更具针对性的指导。

（2）跨学科与综合性。随着学科交叉和融合的趋势日益明显，未来数字化教学资源在课程设计中的应用将更加注重跨学科和综合性。通过整合不同学科的知识和资源，构建跨学科的学习平台和课程模块，培养学生的综合能力和创新思维。这将有助于打破学科壁垒，推动知识的融合和创新。

（3）交互性与体验性。未来数字化教学资源在课程设计中的应用将更加注重交互性和体验性。通过引入虚拟现实、增强现实等先进技术，为学生创造沉浸式的学习体验，让他们更加深入地理解和掌握知识。同时，加强师生之间的互动和交流，改善教师教学效果，提高学生学习效率。

（4）开放性与共享性。未来数字化教学资源在课程设计中的应用将更加注重开放性和共享性。通过建立开放的学习平台和资源库，实现资源的全球共享和互访，为师生提供更加广阔的学习空间和更加丰富的资源支持。同时，鼓励师生参与资源的共建和共享，推动知识的创新和传播。

5.3.3.2 原因分析

（1）技术进步推动。信息技术的快速发展为数字化教学资源在课程设计中的应用提供了有力支持。人工智能、大数据、云计算等先进技术的应用使数字化教学资源更加智能化、个性化和综合化。同时，虚拟现实、增强现实等技术的应用为学生提供了沉浸式和交互式的学习体验。这些技术进步为数字化教学资源的发展提供了强大的动力。

（2）教育改革的需要。随着教育改革的不断深入，传统的教育模式已经难以满足现代社会对人才的需求。数字化教学资源作为一种新型的教育资源，具有丰富性、多样性、灵活性和可重复利用性等优点，能够为教育改革提供有力支持。通过引入数字化教学资源，可以推动教学模式的创新和教学方法的改革，改善教学效果和提高学习效率。

（3）学生需求的变化。随着时代的变迁和社会的进步，学生的需求也在不断变化。他们渴望更加个性化、多元化和交互式的学习方式。数字化教学资源作为一种新型的学习资源，能够满足学生的这些需求。通过引入数字化教学资源，可以为学生提供更加丰富多样的学习内容和形式，激发他们的学习兴趣和创造力。同时，数字化教学资源还能够提供更加灵活自由的学习方式，满足学生的不同需求。

（4）国际竞争的压力。在全球化的背景下，高等教育面临着激烈的国际竞争。为了提升我国高等教育的国际竞争力，必须加强数字化教学资源在课程设计中的应用。通过引入国际先进的数字化教学资源和技术手段，可以提高我国高等教育的质量和水平。同时，加强与国际知名高校的合作与交流，借鉴他们的先进经验和技术成果，能够推动我国高等教育向更高水平发展。

我国高校数字化教学资源在课程设计中的未来发展方向是智能化与个性化、跨学科与综合性、交互性与体验性以及开放性与共享性。这些发展方向的背后原因是技术进步推动、教育改革的需要、学生需求的变化以及国际竞争的压力。为了推动我国高等教育向更高水平发展，我们需要加强数字化教学资源在课程设计中的应用，不断提高高等学校的教学质量和高校学生的学习效率。

5.4　课程评估与调整中的数字素养考量

随着信息技术逐渐向高校延伸、扩展，数字素养已经成为当代大学生必备的基本素质之一。在高校教育教学中，课程评估与调整是优化教学内容、改善教学效果的重要环节。在这个过程中，如何有效地考量学生的数字素养，对于保证教学质量、培养适应社会发展的高素质人才具有重要意义。本小节将从数字素养的概念入手，分析当前大学课程评估与调整中数字素养考量的现状，探讨其形成的原因、优缺点，以及未来的发展方向，并对高等教育质量和人才培养的影响进行阐述。

（1）数字素养的概念及其重要性。数字素养是指个体在数字环境中获取信息、理解信息、评价信息、利用信息、创造信息和传播信息的能力。在信息化时代，数字素养已经成为人们日常生活和工作中不可或缺的一部分。对大学生而言，数字素养不仅关系到他们的学习和研究能力，还关系到他们未来的职业发展和社会适应能力。因此，在高校教育中，加强对学生数字素养的培养和考量，对于提高教育质量、培养高素质人才具有重要意义。

（2）高校大学课程评估与调整中数字素养考量的现状。目前，我国高校在大学课程评估与调整中已经开始注重对学生数字素养的考量。具体表现在以下几个方面：①课程设置与数字素养的结合。许多高校在设置课程时，已经将数字素养相关的课程纳入教学计划中，如数据分析、信息检索、数字媒体制作等。这些课程的开设，为学生提供了提高数字素养的平台和机会。②课程评估指标中的数字素养要素。在课程评估过程中，一些高校已经开始将数字素养作为评估指标之一。例如，在作业和考试中，要求学生运用数字工具进行数据处理、信息检索和分析等；在课堂讨论和小组项目中，要求学生利用数字平台进行交流和协作等。这些评估指标的设定，有助于学生数字素养的提升。③教师培训中的数字素养提升。为了提高教师的数字素养水平，一些高校已经开始加强对教师的培训。通过培训，教师能够更好地理解和应用数字技术，将数字素养融入课程教学，从而提高学生的数字素养水平。

（3）数字素养考量形成的原因。高校在大学课程评估与调整中注重数字素养考量的原因主要有以下几个方面：①社会发展的需求。随着信息技术的快速发展，社会对人才的需求也在不断变化。具备较高数字素养的人才能够更好地适应社会发展的需求，因此高校需要加强对学生数字素养的培养和考量。②教育改革的推动。近年来，我国高等教育改革不断深入，对教学质量和人才培养质量提出了更高的要求。加强对学生数字素养的考量，有助于推动教学改革向纵深发展，提高教育质量和人才培养质量。③学生个性化发展的需求。当代大学生具备较高的信息素养和数字化生活能力，他们渴望在学习过程中运用数字工具和技术来提升自己的学习和研究能力。因此，高校需要满足学生的个性化发展需求，加强对学生数字素养的培养和考量。

（4）数字素养考量的优点。①促进学生全面发展。加强对学生数字素养的考量，有助于促进学生全面发展，提高他们的综合素质和竞争力。②提高教学质量。通过对学生数字素养的考量，教师可以更好地了解学生的学习情况和需求，从而调整教学策略和方法，提高教学质量。③推动教学改革。加强对学生数字素养的考量，有助于推动教学改革向纵深发展，促进教学方法和教学手段的创新。

（5）数字素养考量的缺点。①评估难度较大。数字素养是一种综合能力，难以通过单一的评估方式来衡量学生的水平。因此，在实际操作中需要采用多种评估方式相结合的方法来进行考量。②教师数字素养水平参差不齐。由于教师数字素养水平参差不齐，一些教师可能难以有效地将数字素养融入课程教学。这需要高校加强对教师的培训和支持力度。

（6）未来发展方向。未来，高校在大学课程评估与调整中应该进一步加强对学生数字素养的考量，并探索更加科学合理的评估方式和方法。具体来说可以从以下几个方面入手：①制定统一的数字素养评估标准。制定统一的数字素养评估标准，有助于规范评估过程和提高评估结果的可靠性。②加强跨学科合作与交流。加强跨学科合作与交流，有助于整合不同学科的教学资源和经验，推动数字素养教育向纵深发展。③利用大数据和人工智能技术进行评估。利用大数据和人工智能技术进行评估，可以更加全面、准确地了解学生的数字素养水平和学习情况，为教学改进提供有力支持。

5.4.1　大学课程评估与调整中数字素养考量的现状

在信息化时代，数字素养已成为衡量个人综合素质的重要指标之一。对高校而言，培养学生的数字素养不仅关乎学生的个人发展，更关系到国家未来的竞争力。因此，在大学课程评估与调整中，数字素养的考量显得尤为重要。本节将从现状、问题与挑战两个方面，对我国高校大学课程评估与调整中数字素养考量的现状进行阐述。

5.4.1.1　现状概述

近年来，我国高校在推进课程改革、提高教学质量的过程中，逐渐认识到数字素养的重要性，并将其纳入课程评估与调整的考量范围。具体来说，主要体现在以下几个方面：

（1）课程设置与教材更新。随着信息技术的快速发展，许多传统课程的教学内容、教学方法已无法适应时代的需求。因此，高校在课程设置与教材更新时，开始注重引入与数字素养相关的内容。例如，在计算机科学与技术、数据科学与大数据技术等专业中，增设了与数字素养相关的课程，如“数字素养导论”“信息检索与利用”等。同时，在教材编写与更新过程中，也增加了与数字素养相关的知识点和案例。

（2）教学方法与手段创新。为了提高学生的数字素养，高校在教学方法与手段上也进行了创新。例如，采用线上线下相结合的教学模式，利用网络平台、在线课程等教学资源，为学生提供更多的选择和学习机会。同时，引入翻转课堂、项目式学习等教学方法，鼓励学生自主学习、合作学习，提高他们的问题解决能力和创新能力。

（3）课程评估与调整机制。在课程评估与调整方面，高校开始将数字素养作为重要的评价指标之一。通过对学生的数字素养进行测试和评估，了解学生的学习情况和掌握程度，为课程的改进和优化提供依据。同时，高校还建立了课程评估与调整机制，定期对课程进行评估和调整，确保课程内容的时效性和实用性。

5.4.1.2 问题与挑战

尽管我国高校在大学课程评估与调整中已经开始注重数字素养的考量，但仍存在一些问题与挑战：

（1）对数字素养的理解不够深入。目前，部分高校对数字素养的理解仍停留在表面，没有深入理解其内涵和外延。这导致在课程设置、教材编写、教学方法等方面无法全面体现数字素养的要求。

（2）师资力量不足。培养具有数字素养的学生需要一支具备相应素质的教师队伍。然而，目前部分高校的教师队伍在数字素养方面还存在一定的不足。他们可能缺乏相关的知识和技能，无法为学生提供有效的指导和帮助。

（3）课程评估与调整机制不完善。虽然高校已经建立了课程评估与调整机制，但在实际操作中仍存在一些问题。例如，评估指标不够全面、评估方法不够科学、评估结果不够准确等。这导致课程评估与调整的效果不尽如人意。

我国高校在大学课程评估与调整中已经开始注重数字素养的考量。尽管仍存在一些问题与挑战，但随着对数字素养理解的深化、师资队伍的加强以及课程评估与调整机制的完善，相信未来我国高校在培养具有数字素养的学生方面将取得更加显著的成效。

5.4.2 形成现状的原因和历史背景

当前我国高校在大学课程评估与调整中加强数字素养考量的形成，既有着深刻的原因，也蕴含着丰富的历史背景。以下是对这一现象的详细阐述。

5.4.2.1 形成原因

（1）社会发展和技术进步的需求。随着信息技术的飞速发展，数字化时代已经到来。在这个时代，数字技术已经渗透到社会生活的各个方面，无论是工作、学习还是生活，都离不开数字技术的支持。因此，高校作为培养人才的摇篮，必须紧跟时代步伐，加强对学生的数字素养培养。在课程评估与调整中加强对数字素养的考量，正是为了满足社会发展和技术进步对人才的需求。

（2）教育改革的必然趋势。近年来，我国教育改革不断深入，从应试教育向素质教育转变，注重培养学生的创新精神和实践能力。数字素养作为现代人才必备的核心能力之一，自然成为教育改革的重要方向。高校作为教育改革的前沿阵地，必须积极探索和实践，将数字素养的培养融入课程教学中，并通过课程评估与调整来不断优化和完善。

（3）学生个性化发展的需求。在数字化时代，学生的个性化需求日益凸显。他们渴望通过学习和实践，掌握更多的数字技能，提高自己的综合素质和竞争力。因此，高校在课程评估与调整中加强数字素养的考量，也是为了更好地满足学生的个性化需求，促进他们的全面发展。

（4）提高教学质量的需要。教学质量是高校的生命线，也是学生成长的重要保障。在高校中，课程是教学质量的核心。通过加强课程评估与调整中数字素养的考量，可以更加全面地了解学生的学习情况和掌握程度，为课程的改进和优化提供有力支持。同时，这也有助于提高教师的教学水平和质量，促进教学相长。

5.4.2.2　历史背景

（1）信息技术的发展。信息技术的飞速发展是数字素养考量形成的重要历史背景之一。自20世纪90年代以来，我国信息技术经历了从无到有、从弱到强的快速发展过程。随着计算机、互联网等技术的应用和普及，数字化时代已经到来。在这个时代，数字技术不仅改变了人们的生活方式和工作方式，也对教育产生了深远影响。高校作为教育的重要组成部分，必须紧跟时代步伐，加强对学生的数字素养培养。

（2）教育信息化的推进。教育信息化的推进是数字素养考量形成的另一个重要历史背景。自21世纪初以来，我国教育信息化工作取得了显著成效。各高校纷纷加强数字化校园建设，提升教育信息化水平。这为数字素养的培养提供了有力支持。同时，随着教育信息化的推进，越来越多的教师开始关注数字素养的培养问题，并积极探索和实践相关教学方法和手段。这为数字素养考量的形成奠定了坚实基础。

（3）人才培养模式的变革。人才培养模式的变革也是数字素养考量形成的重要历史背景之一。在过去几十年中，我国高等教育经历了从精英教育向大众教育的转变。随着高等教育规模的扩大和普及程度的提高，人才培养模式也发生了深刻变革。从注重知识传授向注重能力培养转变，从注重共性培养向注重个性发展转变。在这一背景下，数字素养作为现代人才必备的核心能力之一，自然成为高校关注的焦点。高校在课程评估与调整中加强数字素养的考量，正是为了适应人才培养模式的变革需求。

（4）国际教育趋势的影响。国际教育趋势的影响也是数字素养考量形成的重要历史背景之一。在全球化的背景下，各国之间的教育交流与合作日益频繁。国际上的先进教育理念和经验对我国高等教育产生了深刻影响。其中，数字素养作为国际教育发展的重要趋势之一，自然也成为我国高校关注的焦点。高校在课程评估与调整中加强数字素养的考量，也是为了与国际接轨，提高我国高等教育的国际竞争力。

总之，当前我国高校在大学课程评估与调整中加强数字素养的考量，既有着深刻的原因，也反映着丰富的历史背景。这既是社会发展和技术进步的需要，也是教育改革的必然趋势；既是学生个性化发展的需要，也是提高教学质量的需要。同时，这也是信息技术发展、教育信息化推进、人才培养模式变革以及国际教育趋势影响下的必然结果。

5.4.3 未来发展趋势及方向

无论是国内高校还是国外顶尖高校，课程评估与调整中对数字素养的考量都呈现出新的发展趋势。以下是对这一未来发展方向的详细阐述。

5.4.3.1 国内高校数字素养考量的未来发展方向

（1）确立明确的数字素养标准与评估框架。未来，国内高校将更加注重确立明确的数字素养标准和评估框架。这将有助于统一评估标准，提高评估结果的可比性和公正性。高校将结合自身的办学特色和专业需求，制订具体的数字素养指标，以便更准确地评估学生的数字素养水平。

（2）创新评估方法与技术手段。传统的评估方法已难以满足数字素养的评估需求。因此，未来国内高校将积极探索和创新评估方法与技术手段，例如，采用大数据分析、人工智能等技术手段对学生的在线学习行为、项目实践成果等进行分析和评估，以更全面、客观地反映学生的数字素养水平。

（3）加强教师数字素养培训与支持。教师是培养学生数字素养的关键力量。因此，未来国内高校将加强对教师数字素养的培训与支持。通过组织专题培训、工作坊等活动，提升教师的数字技能和知识水平，使其能够更好地指导学生进行数字素养的学习和实践。同时，高校还将为教师提供必要的技术支持和资源保障，以确保数字素养教育的有效实施。

（4）关注学生个体差异与需求。数字素养的培养需要关注学生的个体差异和需求。未来国内高校将更加注重因材施教，根据学生的兴趣、特长和职业规划等制定个性化的数字素养培养方案。同时，高校还将加强与企业的合作与交流，了解行业对数字人才的需求变化，以便更好地指导学生进行职业规划和就业准备。

5.4.3.2　国外顶尖高校数字素养考量的未来发展方向

（1）融入跨学科与综合性思维。国外顶尖高校在数字素养的考量中更加注重跨学科和综合性思维的培养。他们鼓励学生将数字技能与其他学科知识相结合，以解决实际问题。同时，他们还注重培养学生的批判性思维和创新能力，使学生能够在数字时代中具备独立思考和解决问题的能力。

（2）强化实践与应用能力。国外顶尖高校非常注重学生的实践和应用能力。他们通过项目式学习、实习实训等方式让学生将所学知识应用到实际情境中，以检验和提升学生的数字素养水平。同时，他们还鼓励学生参与科研项目和创新实践等活动，以激发学生的创造力和创新精神。

（3）构建全球化的数字素养培养体系。随着全球化的不断深入，国外顶尖高校将更加注重构建全球化的数字素养培养体系。他们将与世界各地的高校、企业和研究机构建立合作关系，共同开发数字素养课程和资源，以实现优质教育资源的共享和互补。同时，他们还将鼓励学生参与国际交流和合作项目，以拓宽学生的国际视野和跨文化交流能力。

（4）关注数字伦理与信息安全。在数字时代中，数字伦理和信息安全问题日益凸显。因此，国外顶尖高校在数字素养的考量中也将更加关注这两个方面。他们通过课程教学、案例研究等方式让学生了解数字伦理和信息安全的重要性，并培养学生的道德观念和责任意识。同时，他们还将为学生提供必要的技术支持和保障措施，以确保学生的数字活动符合伦理和安全要求。

综上，无论是国内高校还是国外顶尖高校，在课程评估与调整中对数字素养的考量都呈现出新的发展趋势。未来高校将更加注重确立明确的数字素养标准和评估框架、创新评估方法与技术手段、加强教师数字素养培训与支持以及关注学生个体差异与需求等方面的发展。同时国外顶级高校还将注重融入跨学科与综合性思维、强化实践与应用能力、构建全球化的数字素养培养体系以及关注数字伦理与信息安全等方面的发展。这些发展趋势将有助于提高高校数字素养教育的质量和水平，为培养具备数字素养的优秀人才提供有力支持。

第 6 章　高校教师数字素养与科研创新

中国高校教师数字素养与科研创新是当今教育领域备受关注的话题。数字素养不仅仅是指掌握数字技术的能力，更重要的是对信息的理解、应用和创新。科研创新作为高校教师的重要职责之一，数字素养在其中扮演着至关重要的角色。本章将先探讨中国高校教师数字素养与科研创新的现状及挑战，随后对比外国高校在该方面的特点，从而为中国高校的发展提供一些借鉴和启示。

中国高校教师数字素养的现状存在一些问题。首先，虽然近年来中国高校在数字化教学和科研方面取得了一定进步，但整体上数字化水平仍有待提高。部分教师在数字技术应用上存在局限性，对于新兴技术的应用和创新能力较为欠缺。其次，数字化教学和科研在一些学科领域的普及和深化程度不够，有些学科仍停留在传统的教学和研究模式下，难以适应信息化、智能化的发展趋势。最后，教师培训和支持机制相对薄弱，缺乏系统性、持续性的培训和指导，导致一些教师对数字化教学和科研创新的积极性不高。

针对这些问题，中国高校可以采取一系列措施来提升教师的数字素养和科研创新能力。首先，建立完善的教师培训体系，包括针对数字技术的培训、科研方法论的培训以及跨学科合作能力的培养等，帮助教师更好地适应数字化和国际化的教学与科研环境。其次，鼓励和支持教师参与跨学科、跨院校的合作研究项目，促进学科交叉、融合与创新。最后，建立数字化教学和科研创新的评价体系，将教师的数字素养和科研成果纳入考核范畴，激励其提升自身能力。

与中国高校相比，一些外国高校在教师数字素养与科研创新方面具有一定特点。首先，一些发达国家的高校注重培养学生的创新能力和团队合作精神，通过项目式学习、实践性科研等方式培养学生的创新意识和实践能力，进而推动科研创新的发展。其次，外国高校的教师普遍具有较强的国际视野和交流合作意识，他们积极参与国际学术交流与合作，借鉴国际先进经验，推动学科的发展与创新。最后，外国高校的科研经费相对充足，有利于支持教师开展前沿科研项目，提高科研水平和创新能力。

总的来说，中国高校教师数字素养与科研创新在不断发展，但仍面临诸多挑战。通过借鉴外国高校的经验和做法，中国高校可以加强教师的数字化培训、跨学科合作和国际交流，提升教师的数字素养和科研创新能力，推动高校教育向着数字化、国际化、创新化的方向迈进。本章将阐述我国高校教师数字素养与科研创新方面的现状，形成的历史原因，面临的机遇和挑战，数字素养对高校科研工作的促进和提升，数字化工具在科研数据处理和分析中的应用现状，以及科研成果数字化传播与共享的现状，未来的发展趋势等。

6.1　数字化科研环境下的挑战与机遇

当前高校教育正处于数字化科研环境的转型中，这带来了一系列挑战与机遇。数字化科研环境的兴起，一方面提升了科研效率和质量，另一方面带来了新的管理和安全隐患。高校需要认识到这些挑战并积极应对，以实现科研水平的持续提升。

（1）数字化科研环境下的挑战。①数字化科研环境下的挑战之一是技术更新换代的速度。随着科技的不断发展，新的科研工具和方法层出不穷，教师和研究人员需要不断学习适应新技术，以保持竞争力。这需要高校提供及时有效的培训机制，帮助教师掌握最新的科研技术，提高数字素养。②数字化科研环境下的信息安全问题备受关注。科研过程中产生的大量数据和敏感信息需要得到有效的保护，以防止信息泄露或被恶意利用。高校需要建立完善的信息安全管理制度，加强数据加密和权限控制，确保科研数据的安全可靠。③数字化科研环境下的合作与交流也面临着挑战。虽然数字化技术为跨地域、跨学科的合作提供了便利，但文化差异、语言障碍、知识产权保护等问题依然存在，可能影响合作的顺利进行。因此，高校需要建立多样化的合作机制，加强国际交流与合作，提升教师和学生的跨文化交流能力。

（2）数字化科研环境下面临的机遇。数字化科研环境也带来了许多机遇。①数字化科研工具的普及和应用大大提高了科研效率。通过云计算、人工智能、大数据分析等技术，研究人员可以更快速地获取、处理和分析数据，加速科研进程，提高研究成果的产出率。②数字化科研环境为开放科研提供了更广阔的平台。开放获取的科研数据库、在线期刊等资源为研究人员提供了更多的信息来源和交流渠道，促进了科研成果的共享和传播，有利于推动学术界的合作与创新。③数字化科研环境也为科研评价和监督提供了更加科学、客观的手段。通过科研数据的数字化采集和分析，可以更准确地评估教师和学生的科研水平，为科研经费的分配和学术评价提供依据，有利于提高科研的公平性和透明度。

总之，当前高校教育中数字化科研环境下存在着诸多挑战，如技术更新换代、信息安全和合作交流等问题，但同时也蕴含着丰富的机遇，如提高科研效率、促进开放科研和改进科研评价等。高校应当积极应对挑战，善于抓住机遇，通过不断创新和改革，推动数字化科研环境下高校科研水平的提升。

6.1.1 数字化科研环境下教师现状

在数字化科研环境下，我国高校教师的工作、生活、教学、岗位晋升等方面都面临着前所未有的变革与挑战。本小节对当前高校教师在数字化科研环境下的现状进行详细阐述。

6.1.1.1 工作现状

随着信息技术的快速发展，数字化科研环境为高校教师提供了更广阔的研究平台和资源。教师可以通过网络访问全球范围内的学术数据库、参与国际学术会议、与同行进行在线交流等，极大地拓宽了研究视野，增加了合作机会。然而，这也对教师提出了更高的要求。他们需要不断更新知识、掌握新技术、提高研究能力，以适应数字化科研环境的需求。

6.1.1.2 生活现状

数字化科研环境对教师的生活也产生了深远影响。一方面，教师可以通过在线工具进行远程办公和协作，提高了工作效率和灵活性。另一方面，随着在线教育的兴起，教师需要花费更多时间和精力进行在线教学、辅导和答疑等工作，这在一定程度上增加了工作负担。此外，数字化科研环境也带来了信息过载和网络安全等问题，需要教师具备更高的信息素养和安全意识。

6.1.1.3 教学现状

在数字化科研环境下，高校教师的教学方式和方法也发生了显著变化。传统的教学方式已经无法满足现代学生的需求，教师需要借助数字化工具和平台，创新教学方法和手段，提高教学效果和质量。例如，教师可以通过在线课程、混合式教学等方式，为学生提供更加灵活、多样化的学习体验。同时，数字化科研环境也为教师提供了更多的教学资源和工具，如数字化教材、在线实验室等，有助于丰富教学内容和提高教学质量。

6.1.1.4 岗位晋升

在数字化科研环境下，高校教师的岗位晋升也面临着新的挑战和机遇。一方面，数字化科研环境为教师提供了更多的学术交流和合作机会，有助于提升教师的学术水平和影响力。教师可以通过参与国际学术会议、发表高水平论文等方式，展示自己的研究成果和学术实力，为岗位晋升打下坚实基础。另一方面，数字化科研环境也要求教师具备更高的综合素质和能力，如团队协作能力、创新能力、信息素养等，这些素质和能力将成为教师岗位晋升的重要考量因素。

6.1.1.5 面临的压力

在数字化科研环境下，高校教师面临着多方面的压力。首先，随着科研竞争的加剧和学术评价体系的不断完善，教师需要承担更多的科研任务和压力。他们需要不断追求创新、提高研究质量、扩大研究影响力，以应对日益激烈的学术竞争。其次，数字化科研环境要求教师具备更高的信息素养和技术能力。教师需要不断学习和掌握新技术、新工具，以适应数字化科研环境的需求。然而，由于时间和精力的限制，很多教师难以跟上技术发展的步伐，这给他们带来了很大的压力。此外，数字化科研环境还带来了信息过载和网络安全等问题，需要教师具备更高的安全意识和防范能力。

数字化科研环境为我国高校教师带来了前所未有的机遇和挑战。在当前背景下，教师需要不断更新知识、提高能力，以应对日益激烈的学术竞争和不断变化的教学需求。同时，高校也需要为教师提供更多的支持和帮助，如加强培训、优化资源配置、完善评价体系等，以激发教师的积极性和创造力，推动高校教育的持续发展。展望未来，随着技术的不断进步和应用的不断深入，数字化科研环境将为高校教师带来更多新的机遇和挑战。高校教师需要保持敏锐的洞察力和创新精神，积极应对变革和挑战。

6.1.2 数字化科研环境下教师面临的挑战和机遇

在当前我国高校内，数字化科研环境正深刻改变着教师的科研方式、教学方法以及与学生、同行的互动模式。在这一背景下，教师的数字素养显得尤为重要，但同时也面临着诸多挑战和机遇。以下是对教师数字素养在数字化科研环境下面临的挑战和机遇的详细阐述。

6.1.2.1 教师数字素养面临的挑战

（1）技术更新的压力。数字化科研环境要求教师具备熟练掌握和使用各种数字技术的能力，包括数据分析工具、在线协作平台、数字化教学资源等。然而，随着技术的不断更新换代，教师需要不断学习和适应新技术，这给他们带来了巨大的学习压力和时间成本。

(2)信息安全与隐私保护的挑战。在数字化科研环境中，教师的个人信息、研究成果以及学生的数据都面临着被泄露或滥用的风险。因此，教师需要具备高度的信息安全意识和防范能力，以防止数据泄露和隐私侵犯。

(3)数字化教学资源整合与利用的挑战。数字化科研环境提供了海量的教学资源。但如何有效地整合和利用这些资源，提高教学效果和科研质量，是教师面临的一大挑战。教师需要具备信息筛选、加工和整合的能力，以便为学生提供更加优质、高效的学习体验。

(4)科研竞争与学术评价的挑战。在数字化科研环境下，科研成果的发表和传播速度大大加快，科研竞争也日益激烈。教师需要具备更高的学术素养和创新能力，以应对日益严峻的学术评价和竞争压力。同时，他们还需要学会利用数字化工具进行学术交流和合作，以扩大自己的学术影响力和合作网络。

(5)数字化教学与学习模式的挑战。数字化科研环境要求教师改变传统的教学模式和方法，采用更加灵活、多样化的教学方式来满足学生的个性化需求。然而，这对一些习惯于传统教学的教师来说是一个巨大的挑战。他们需要不断尝试和探索新的教学模式和方法，以适应数字化时代的教学需求。

6.1.2.2 教师数字素养面临的机遇

(1)科研资源的丰富性。数字化科研环境为教师提供了海量的科研资源，包括学术数据库、在线图书馆、科研协作平台等。这些资源可以帮助教师更加便捷地获取最新的科研动态和研究成果，提高科研效率和质量。同时，教师还可以利用这些资源进行跨学科的研究和合作，拓展研究领域和视野。

(2)科研协作的便捷性。数字化科研环境打破了地理和时间的限制，使教师之间可以更加便捷地进行科研协作和交流。教师可以通过在线协作平台、视频会议等方式与同行进行实时的交流和讨论，共同解决科研难题。这种便捷的协作方式不仅可以提高科研效率和质量，还可以促进学科交叉和融合。

(3)教学方法的创新性。数字化科研环境为教师提供了更多创新性的教学方法和手段，如在线课程、混合式教学、虚拟实验室等。这些教学方法可以帮助学生更加深入地理解和掌握知识点，提高学习兴趣和积极性。同时，教师还可以利用数字化工具对学生的学习过程进行实时监控和反馈，及时调整教学策略和方法。

(4)学生个性化需求的满足。数字化科研环境使教师可以更加便捷地了解学生的个性化需求和学习情况。教师可以通过在线测试、作业分析等方式了解学生的学习进度和难点，为他们提供更加精准的教学支持和指导。这种个性化的教学方式可以帮助学生更好地发挥自己的优势和潜力，提高学习效果和成绩。

(5)职业发展空间的拓展。数字化科研环境为教师提供了更多的职业发展机会和空间。教师可以通过参与在线课程开发、科研协作项目等方式拓展自己的职业领域，扩大影响力。同时，数字化科研环境还使教师可以更加便捷地与国内外同行进行交流和合作，提高自己的学术水平和影响力。

6.1.2.3 机遇与挑战并存，未来发展空间广大

在数字化科研环境下，教师的数字素养面临着诸多挑战和机遇。为了应对这些挑战并抓住机遇，教师需要不断提高自己的数字素养和综合能力，包括技术能力、信息安全意识、资源整合能力、学术素养和创新能力等。同时，高校也需要为教师提供更多的支持和帮助，如加强培训、优化资源配置、完善评价体系等，以激发教师的积极性和创造力，推动高校科研和教学的持续发展。展望未来，随着技术的不断进步和应用的不断深入，数字化科研环境将为教师带来更多新的机遇和挑战。教师需要保持敏锐的洞察力和创新精神，积极应对变革和挑战，共同推动高等教育繁荣发展。

6.2 数字素养对高校科研工作的促进作用

随着 IT 技术、移动互联网、大数据、云计算、人工智能等科技的飞速发展，数字化科研环境已经成为当今科研领域的主流趋势。在这一背景下，高校教师群体的数字素养对于推动高校科研工作有着重要的积极作用。本节将从我国高校科研工作现状、形成成因、存在的优缺点、未来发展趋势以及国外先进经验和做法等方面，详细阐述当前我国高校内教师数字素养在数字化科研环境下对科研工作的促进情况。

(1)数字素养对高校科研的促进现状。当前，我国高校教师的数字素养整体呈现出不断提升的趋势。一方面，随着教育信息化政策的推进，高校普遍加强了对教师数字素养的培训和教育，提高了教师的数字化教学能力。另一方面，随着数字化科研环境的普及，越来越多的教师开始认识到数字技术在科研工作中的重要性，并积极学习和应用数字技术。

然而，目前仍存在一些问题。首先，不同高校、不同学科之间的教师数字素养水平存在差异。一些高校和学科在数字化教学和科研方面已经取得了显著成果，

而另一些高校和学科则相对滞后。其次，部分教师虽然具备了一定的数字技能，但在实际科研工作中仍难以有效应用数字技术，缺乏创新思维和跨界合作能力。

(2)造成现状的原因分析。①教育信息化政策的推动。近年来，我国政府高度重视教育信息化工作，出台了一系列政策文件，要求高校加强教师数字素养的培训和教育。这些政策的实施为高校教师数字素养的提升提供了有力保障。②数字化科研环境的普及。随着数字技术的不断发展，数字化科研环境已经成为当今科研领域的主流趋势。高校教师作为科研工作的主力军，必须适应这一趋势，提升自己的数字素养。③教师自身发展的需求。随着社会的不断进步和科技的不断发展，高校教师面临着越来越大的教学科研压力。为了应对这些压力，教师必须不断提升自己的数字素养，以适应新的教学科研环境。

(3)数字素养与高校科研工作相互促进的优缺点。

优点：①提高科研效率。数字技术可以大大缩短科研周期，提高科研效率。例如，教师可以通过在线数据库快速检索相关文献资料，利用数据分析工具对实验数据进行处理和分析等。②促进科研创新。数字技术为科研工作提供了更多的可能性。教师可以通过数字技术进行跨学科研究、虚拟现实实验等创新性的研究工作，推动科研领域的进步。③拓展科研合作与交流。数字技术打破了地域和学科的限制，使高校教师可以更加便捷地进行科研合作与交流。通过在线平台或社交媒体等工具，教师可以与国内外同行进行实时沟通和交流，共同推动科研工作的发展。

缺点：①技术更新迅速。数字技术的更新速度非常快，教师需要不断学习和掌握新的技术工具和方法。这对于部分年龄较大或学习能力较弱的教师来说是一个挑战。②数据安全问题。在数字化科研环境中，数据安全问题日益凸显。教师需要加强数据安全保护意识，避免数据泄露和滥用等问题。③过度依赖问题。高校教师数字素养提高后，不由自主会将所掌握的数字技术及现代可以运用到科研和工作时，会导致其过度依赖基于信息技术的人工智能，而消磨了主观创新意志，不利于科研创新和高素质人才培养。

(4)国外在此方面的先进经验和做法。在提升教师数字素养方面，国外一些高校和机构已经取得了显著成果。例如，哈佛大学联合图书馆、教务处和技术服务部开展数据素养培训项目，帮助教师学习数据管理技术和最新的数据处理工具。此外，一些国外高校还注重培养学生的数据素养能力，将其纳入课程体系和评价标准中。这些做法为我国高校提升教师数字素养提供了有益的借鉴和参考。

6.2.1 数字素养对高校科研的促进现状

在国际知名高校中，教师的数字素养与科研、创新等领域的结合越发紧密，共同推动着学术界的进步与发展。本小节将从教师数字素养的内涵、国际知名高校在科研与创新方面的需求、教师数字素养与科研创新的结合现状以及其对高校发展的促进作用等方面，详细阐述当前国际知名高校内教师数字素养与科研、创新结合的情况。

6.2.1.1 教师数字素养的内涵

教师数字素养是指教师在教学、科研、创新等过程中，利用数字工具、技能和资源进行有效教学、研究与创新的能力。这种能力不仅包括基本的数字技能，如计算机操作、网络应用、数据处理等，还包括更高级的数字思维，如数据分析、信息筛选、创新应用等。在国际知名高校中，教师数字素养的高低直接影响到其在教学、科研和创新方面的表现。

6.2.1.2 国际知名高校在科研与创新方面的需求

国际知名高校作为科研与创新的前沿阵地，其需求主要集中在以下几个方面：一是跨学科、跨领域的创新研究；二是对前沿科技、新兴领域的探索与引领；三是对传统学科的深度挖掘与再创新。这些需求对教师数字素养提出了更高要求，需要教师具备跨学科的知识背景、敏锐的信息捕捉能力、高效的数据处理能力以及创新的思维方式。

6.2.1.3 教师数字素养与科研创新的结合现状

(1)数字素养成为科研创新的重要支撑。在国际知名高校中，教师的数字素养已成为科研创新的重要支撑。教师利用数字技术开展跨学科、跨领域的合作研究，实现资源共享、优势互补，推动科研工作的深入发展。同时，数字技术还为教师提供了更多的研究方法和手段，如大数据分析、虚拟现实实验等，使科研工作更加高效、精准。

(2)数字素养促进科研成果的转化与应用。教师数字素养的提升不仅推动了科研工作的深入发展，还促进了科研成果的转化与应用。通过数字技术的应用，教师能够更好地将科研成果转化为实际应用，为社会经济发展提供有力支持。例如，在医学领域，教师利用数字技术开展远程医疗、智能诊断等，为患者提供更加便捷、高效的医疗服务。

(3)数字素养提升教师的国际竞争力。在国际知名高校中，教师的国际竞争力是其发展的重要保障。教师数字素养的提升有助于教师更好地参与国际交流与合作，拓展国际视野，提升国际影响力。同时，数字技术还为教师提供了更多的国际交流机会和平台，如在线研讨会、国际合作项目等，使教师能够与国际同行进行实时沟通和交流，共同推动学术界的进步与发展。

6.2.1.4　教师数字素养对高校发展的促进作用

(1)推动高校科研水平的提升。教师数字素养的提升有助于推动高校科研水平的提升。通过数字技术的应用和创新，教师能够开展更加深入、精准的研究工作，提高科研成果的质量和水平。同时，数字技术还为教师提供了更多的科研工具和方法，使科研工作更加高效、便捷。

(2)促进高校创新能力的增强。教师数字素养的提升有助于促进高校创新能力的增强。通过数字技术的应用和创新，教师能够开展跨学科、跨领域的创新研究，推动学科交叉融合和新兴领域的发展。同时，数字技术还为教师提供了更多的创新思路和方法，使教师能够不断探索新的研究领域和方向。

(3)提升高校国际影响力。教师数字素养的提升有助于提升高校国际影响力。通过数字技术的应用和创新，教师能够更好地参与国际交流与合作，拓展国际视野，提升国际竞争力。同时，数字技术还为教师提供了更多的国际交流机会和平台，使高校能够与国际知名高校建立紧密的合作关系，共同推动学术界的进步与发展。

综上所述，当前国际知名高校内教师数字素养与科研、创新等方面的结合越发紧密，共同推动着学术界的进步与发展。教师数字素养的提升不仅有助于推动高校科研水平的提升和创新能力的增强，还有助于提升高校国际影响力。因此，加强教师数字素养的培养已成为国际知名高校的重要任务之一。

6.2.2　造成现状的原因分析

在国际知名高校中，教师的数字素养与科研、创新等领域的关系越发紧密，成为推动高校发展的重要动力。本小节将深入探讨当前国际知名高校教师数字素养对促进高校在科研、创新等方面有积极影响的原因和教师数字素养与科研、创新的内在联系。

6.2.2.1　教师数字素养对科研、创新的积极影响

(1)拓展科研视野与资源。教师数字素养的提升有助于拓展科研视野和资源。通过数字技术的应用，教师可以更加方便地获取全球范围内的科研信息和资源，

了解最新的科研动态和趋势。同时，数字技术还为教师提供了更多的科研方法和手段，如大数据分析、人工智能等，使科研工作更加深入、精准。这种跨地域、跨学科的资源共享和合作，有助于推动高校科研工作的创新和发展。

（2）提高科研效率与质量。教师数字素养的提升还可以提高科研效率与质量。通过数字技术的应用，教师可以更加高效地进行数据收集、处理和分析，减少重复劳动和人为错误。同时，数字技术还可以帮助教师更好地呈现和展示科研成果，提高科研成果的可读性和可视化程度。这种高效、精准的科研方式，有助于提升高校科研工作的水平和质量。

（3）推动科研创新与应用。教师数字素养的提升还可以推动科研创新与应用。通过数字技术的应用和创新，教师可以开展跨学科、跨领域的合作研究，探索新的研究领域和方向。同时，数字技术还可以帮助教师将科研成果转化为实际应用，为社会经济发展提供有力支持。这种科研创新与应用的能力，有助于提升高校在国际上的竞争力和影响力。

6.2.2.2　教师数字素养与科研、创新的内在联系

（1）相互依存与促进。教师数字素养与科研、创新之间存在着相互依存和促进的关系。一方面，教师数字素养的提升有助于推动科研工作的创新和发展，提高科研效率与质量；另一方面，科研工作的创新和发展又需要借助数字技术的支持和推动。这种相互依存和促进的关系，使教师数字素养与科研、创新之间形成了紧密的联系。

（2）跨学科融合与交叉。在数字化时代，跨学科融合与交叉已成为科研创新的重要趋势。教师数字素养的提升有助于促进不同学科之间的融合与交叉，打破学科壁垒，推动新兴领域的发展。通过数字技术的应用和创新，教师可以开展跨学科、跨领域的合作研究，探索新的研究领域和方向。这种跨学科融合与交叉的能力，有助于提升高校在科研、创新等方面的综合实力。

（3）团队协作与交流。在数字化时代，团队协作与交流已成为科研工作的重要方式。教师数字素养的提升有助于加强团队之间的协作与交流，提高科研工作的效率和质量。通过数字技术的应用和创新，教师可以更加便捷地进行在线研讨、数据共享和合作研究等活动，促进团队成员之间的知识共享和经验交流。这种团队协作与交流的能力，有助于提升高校在科研、创新等方面的竞争力和影响力。

综上所述，当前国际知名高校教师的数字素养对促进高校在科研、创新等方面有积极影响的原因和内在联系主要体现在以下几个方面：首先，教师数字素养的提升有助于拓展科研视野和资源；其次，教师数字素养的提升可以提高科研效率与质量；再次，教师数字素养的提升可以推动科研创新与应用；最后，教师数

字素养与科研、创新之间存在着相互依存和促进的关系，有利于提升跨学科融合与交叉和团队协作与交流的能力。这些原因和内在联系共同构成了教师数字素养对高校在科研、创新等方面积极影响的基础和动力。因此，加强教师数字素养的培养和提升已成为国际知名高校的重要任务之一。

6.3　数字化工具在科研数据处理与分析中的应用

信息化时代，数字化已成为教育、科研等领域的重要趋势。特别是在高校科研领域，数字化工具的应用不仅极大地提高了科研效率，也为科研创新提供了强有力的支持。本小节旨在探讨在我国高校教师数字素养提升与科研创新环境下，数字化工具在科研数据处理与分析中的应用现状，以及外国高校在此方面的状况，并对未来发展趋势进行展望。

（1）高校教师数字素养提升与科研创新环境逐渐优化。近年来，我国高校在提升教师数字素养方面取得了显著成效。随着教育信息化和数字化的深入推进，越来越多的教师开始关注并学习数字化技术，以适应科研创新的需求。同时，高校也积极为教师提供数字化培训和支持，帮助教师提升数字素养，掌握数字化工具在科研数据处理与分析中的应用技能。

在科研创新环境方面，我国高校注重搭建跨学科、跨领域的科研平台，鼓励教师开展交叉学科研究。同时，高校也积极引进国际先进的科研设备和数字化工具，为科研创新提供有力保障。在这样的环境下，数字化工具在科研数据处理与分析中的应用日益广泛，成为科研创新的重要支撑。

（2）数字化工具在科研数据处理与分析中的应用现状。①数据采集与整理。在科研过程中，数据采集与整理是数据处理与分析的基础，数字化工具的应用使数据采集更加便捷、高效。例如，通过在线调查平台可以快速收集大量数据；通过数据挖掘技术可以从海量数据中提取有价值的信息。同时，数字化工具还可以对采集到的数据进行自动整理、分类和存储，为后续的数据分析提供基础数据。②数据清洗与预处理。在数据分析之前，对数据进行清洗和预处理是非常必要的。数字化工具可以自动化地进行数据清洗和预处理工作，如去除重复数据、处理缺失值、异常值等。这些工具的应用不仅提高了数据处理的效率，也保证了数据的质量和准确性。③数据分析与可视化。数据分析是科研数据处理的核心环节。数字化工具提供了丰富的数据分析方法和模型，如统计分析、机器学习、数据挖掘等。通过这些工具，研究人员可以对数据进行深入挖掘和分析，发现数据背后的规律和趋势。同时，数字化工具还支持数据可视化，将分析结果以图表、图像等形式展示出来，使结果更加直观易懂。

（3）外国高校在此方面的状况。在数字化工具在科研数据处理与分析中的应用方面，外国高校也取得了显著进展。许多外国高校注重培养教师的数字素养和科研创新能力，为教师提供丰富的数字化培训和资源支持。同时，外国高校也积极引进国际先进的科研设备和数字化工具，为科研创新提供有力保障。

在科研过程中，外国高校的教师也广泛应用数字化工具进行数据采集、清洗、预处理和分析等工作。这些工具的应用不仅提高了科研效率和质量，也为科研创新提供了有力支持。此外，外国高校还注重跨学科、跨领域的科研合作和交流，推动数字化工具在科研领域的广泛应用和发展。

（4）未来发展趋势。随着信息技术的不断发展和创新，数字化工具在科研数据处理与分析中的应用将呈现以下趋势：①智能化和自动化水平将不断提高，数字化工具将更加便捷、高效地支持科研工作。②跨学科、跨领域的科研合作和交流将更加频繁和深入，数字化工具将发挥更加重要的作用。③数据安全和隐私保护将成为重要议题，数字化工具将更加注重数据安全和隐私保护方面的设计和应用。④人工智能、大数据等新技术将与数字化工具深度融合，推动科研数据处理与分析的进一步创新和发展。

数字化工具在科研数据处理与分析中的应用已经成为高校科研创新的重要支撑。未来随着技术的不断发展和创新，数字化工具将在科研领域发挥更加重要的作用。

6.3.1 高校教师数字素养与科研创新环境逐渐优化

在当前我国高校内，教师数字素养的提升和科研创新环境的优化，正成为推动科研成果孕育的关键因素。当前，我国高校教师的数字素养正在逐步提升，科研创新环境也日益优化。在这种背景下，我国高校的科研成果正在孕育并展现出强大的生命力和活力。未来，我们有理由相信随着我国高校在数字化教育和科研创新方面的不断努力和投入，将会孕育出更多具有创新性和影响力的科研成果，为我国科技进步和社会发展作出更大的贡献。本小节旨在阐述当前我国高校教师数字素养与科研创新环境逐渐优化、日益壮大，并正在孕育出科研成果的现状。

6.3.1.1 高校教师数字素养的逐步提升

(1)数字化教育的普及。近年来，我国高校普遍重视数字化教育的普及，将信息技术融入教育教学的各个环节。这不仅提高了教学效率，也为学生提供了更多元化的学习方式。在这种背景下，高校教师的数字素养得到了显著提升。他们开始熟悉并掌握各种数字化教学工具，如多媒体教学工具、在线教育平台等，使课堂教学更加生动、有趣。

(2)数字化培训的支持。为了提高教师的数字素养，许多高校积极开展数字化培训。这些培训不仅涵盖了数字化教学工具的使用技巧，还包括了数字化资源的获取、整理和分析方法。通过培训，教师们能够更快地适应数字化教学的需求，提升教学效果。

(3)数字化研究能力的增强。随着数字技术的不断发展，教师们也开始将数字技术应用于科研工作中。他们利用数字化工具进行数据收集、整理和分析，提高了科研工作的效率和准确性。同时，数字技术的应用也为教师们提供了新的研究视角和方法，使他们的研究更具创新性和前瞻性。

6.3.1.2 科研创新环境的日益优化

(1)科研平台的搭建。为了优化科研创新环境，许多高校积极搭建跨学科、跨领域的科研平台。这些平台汇聚了不同学科领域的专家学者，促进了学科交叉与融合。同时，高校还积极引进国际先进的科研设备和数字化工具，为科研创新提供了有力保障。

(2)科研政策的支持。政府和教育部门也出台了一系列支持高校科研创新的政策。例如，加大对科研项目的投入力度、提高科研人员的待遇和福利、优化科研管理等。这些政策为高校科研创新提供了良好的外部环境，激发了教师的科研热情和创新活力。

(3)科研团队的建设。在科研创新过程中，团队的力量是不可或缺的。因此，许多高校注重科研团队的建设和管理。他们鼓励教师之间的合作与交流，推动科研团队向专业化、精细化方向发展。同时，高校还积极引进国内外优秀的科研人才，为科研团队注入新的活力。

6.3.1.3 科研成果的孕育与展现

(1)科研成果数量的增加。随着高校教师数字素养的提升和科研创新环境的优化，我国高校的科研成果数量不断增加。教师们在各自的研究领域内取得了丰硕的成果，为推动我国科技进步和社会发展作出了重要贡献。

(2)科研成果质量的提高。除了数量的增加外，我国高校的科研成果质量也在不断提高。许多研究成果达到了国际领先水平，得到了国内外同行的广泛认可。这些高质量的研究成果不仅提高了我国高校的学术地位，也为我国的科技创新和国际竞争力提供了有力支撑。

（3）科研成果的转化与应用。为了推动科研成果的转化与应用，许多高校还加强了与企业和社会的联系与合作。他们通过产学研合作、技术转移等方式将科研成果转化为现实生产力，为经济社会发展提供了有力支持。同时，高校还积极推广科研成果的应用经验和方法，促进了科研成果的推广和普及。

6.3.2 数字化工具在科研数据处理与分析中的应用

当前我国高校内数字化工具在科研数据处理与分析中得到了广泛应用和普及，但也存在一些短板和不足。为了充分发挥数字化工具在科研数据处理与分析中的优势，高校需要加强对科研人员的培训和支持，降低工具的使用门槛，加强数据质量控制和数据安全管理，推动跨学科融合和合作等。

在高校科研与创新工具和应用普及态势下，数字化工具在科研数据处理与分析中的应用日益广泛。特别是在我国高校中，数字化工具的引入不仅提高了科研工作的效率，也为科研创新提供了新的思路和方法。然而，数字化工具在科研数据处理与分析中的应用也存在一些短板和不足。本小节将对当前我国高校内数字化工具在科研数据处理与分析中的应用现状、成因、短板与不足进行阐述。

6.3.2.1 应用现状

当前，我国高校在科研数据处理与分析方面已经广泛应用了数字化工具。这些工具涵盖了数据采集、清洗、预处理、分析、可视化等多个环节，为科研工作提供了强大的支持。具体来说，数字化工具在科研数据处理与分析中的应用现状主要体现在以下几个方面：

（1）数据采集工具的广泛应用。在科研过程中，数据采集是非常重要的一环。目前，高校已经广泛采用了各种数据采集工具，如在线调查平台、传感器等，实现了对大量数据的快速、准确采集。

（2）数据清洗与预处理工具的普及。在数据采集完成后，需要对数据进行清洗和预处理，以确保数据的质量和准确性。目前，高校已经普及了数据清洗和预处理工具，如Excel、Python等，这些工具能够自动去除重复数据、处理缺失值、异常值等，提高数据处理效率。

（3）数据分析工具的多样化。在科研数据处理与分析中，数据分析是核心环节。目前，高校已经应用了多种数据分析工具，如SPSS、R语言、Python等，这些工具提供了丰富的数据分析方法和模型，帮助科研人员深入挖掘数据背后的规律和趋势。

（4）数据可视化工具的普及。数据可视化是将数据分析结果以图表、图像等形式展示出来的过程。目前，高校已经普及了多种数据可视化工具，如 Tableau、Power BI 等，这些工具能够将复杂的数据分析结果以直观、易懂的形式呈现出来，便于科研人员和他人理解和应用。

6.3.2.2　成因分析

数字化工具在科研数据处理与分析中的广泛应用和普及，主要得益于以下几个方面的因素：

（1）信息技术的发展。随着信息技术的不断发展和创新，数字化工具的功能和性能得到了显著提升，为科研数据处理与分析提供了更加便捷、高效的工具。

（2）科研需求的推动。在科研工作中，数据处理与分析是非常重要的一环。传统的数据处理和分析方法已经无法满足科研人员的需求，因此，数字化工具的引入成为了必然趋势。

（3）高校对科研创新的重视。高校作为科研创新的重要基地，对科研创新非常重视。为了提高科研工作的效率和质量，高校积极引入数字化工具，为科研人员提供更好的科研环境。

6.3.2.3　国内高校数字化工具应用的短板与不足

尽管数字化工具在科研数据处理与分析中得到了广泛应用和普及，但仍然存在一些短板和不足：

（1）工具使用门槛较高。一些数字化工具的使用门槛较高，需要科研人员具备一定的编程能力和数据分析技能。这导致一些科研人员在使用这些工具时存在困难，无法充分发挥其优势。

（2）数据质量问题。在科研数据处理与分析中，数据质量是非常关键的因素。然而，由于数据采集、清洗等环节存在的不确定性因素，导致数据质量无法得到完全保证，这会影响数据分析结果的准确性和可靠性。

（3）数据安全问题。在科研数据处理与分析中，数据安全是非常重要的。然而，一些数字化工具在数据处理和分析过程中可能会泄露敏感信息，给科研工作带来安全隐患。

（4）跨学科融合不够。在科研工作中，不同学科之间的融合是非常重要的。然而，目前一些数字化工具主要关注于特定领域的数据处理和分析，缺乏跨学科融合的能力，这限制了科研人员在不同学科之间进行交流和合作。

6.4 科研成果数字化传播与共享

科研成果的数字化传播与共享，不仅有助于提升科研效率，还能够促进学术交流和知识共享。高校教师数字素养提升与科研创新环境下，科研成果数字化传播与共享已经取得了显著进展，但仍存在一些不足之处。未来，随着数字技术的不断发展和高校教师数字素养的普遍提升，科研成果数字化传播与共享将迎来更加广阔的发展前景。本小节旨在探讨高校教师数字素养与科研创新环境下，科研成果数字化传播与共享的现状、现状形成的主要原因、存在的弊端、不足之处以及未来发展趋势。

（1）科研成果数字化传播与共享的现状。当前，随着数字技术的广泛应用和高校教师数字素养的提升，科研成果的数字化传播与共享已经取得了显著进展。越来越多的科研成果通过数字化平台传播和共享，打破了传统学术传播的时空限制。同时，科研人员也能够更加便捷地获取和利用这些成果，推动了学术研究的深入发展。

（2）导致现状的原因。科研成果数字化传播与共享的成因主要包括以下几个方面：①数字技术的推动。云计算、大数据、人工智能等数字技术的不断发展，为科研成果的数字化传播与共享提供了强大的技术支持。②教师数字素养的提升。高校教师的数字素养普遍提升，使他们能够熟练掌握并运用各种数字化工具，推动了科研成果的数字化传播与共享。③科研创新的需求。随着科研创新活动的日益频繁和深入，科研成果的传播与共享需求也越来越强烈。数字化传播与共享方式能够满足这一需求，推动学术研究的深入发展。

（3）科研成果数字化传播与共享的优、缺点。①科研成果数字化传播与共享的优点主要表现在以下几个方面：一是传播速度快。数字化传播方式能够迅速将科研成果传播到全球各地，提高了传播效率。二是共享程度高。数字化平台使得科研成果能够被广大科研人员共享和利用，促进了学术交流和知识共享。三是便于检索和保存。数字化成果便于检索和保存，方便科研人员查找和引用。②也存在一些缺点：一是数据安全和隐私保护问题。数字化传播与共享过程中可能存在数据泄露和隐私侵犯的风险。二是信息真实性和可信度问题。网络环境中存在大量虚假信息和误导性信息，需要科研人员仔细甄别和判断。三是知识产权问题。数字化传播与共享可能涉及知识产权问题，科研人员需要遵循相关法律法规和伦理规范。四是过度依赖人工智能问题。数字化传播与共享可以让更多人分享最新的科研、创新成果，但如果过度依赖人工智能和数据分享，会极大地抑制科研人员主观能动性，降低他们投身科研的积极性。

（4）科研成果数字化传播与共享的不足之处。①数字化平台不完善。部分数字化平台功能不够完善，无法满足科研人员的实际需求。②数字素养差异大。高校教师的数字素养水平参差不齐，影响了科研成果的数字化传播与共享效果。③管理和监管机制不健全。缺乏完善的管理和监管机制，难以确保科研成果数字化传播与共享的质量和效益。

（5）未来发展趋势。基于现在的情况，可以预见科研成果数字化传播与共享将呈现以下发展趋势：①数字化平台功能不断完善。数字化平台将不断完善功能，提高用户体验和服务质量。②教师数字素养普遍提升。高校教师的数字素养将普遍提升，为科研成果的数字化传播与共享提供更加有力的支持。③知识产权保护机制加强。将加强知识产权保护机制的建设和完善，确保科研成果的数字化传播与共享符合相关法律法规和伦理规范。④国际合作与交流加强。国际合作与交流将进一步加强，推动科研成果的数字化传播与共享实现全球化。

6.4.1　国内高校科研成果数字化传播与共享的现状及形成原因

国内高校科研成果数字化传播与共享的现状是在数字化技术的推动、高校教师数字素养的提升、科研创新的需求、政策支持和引导以及国际合作与交流的影响等多种因素共同作用下形成的。在高校教师数字素养与科研创新的大环境下，国内高校科研成果的数字化传播与共享正逐渐成为推动科研进步和学术交流的重要手段。未来，随着这些因素的不断发展和完善，国内高校科研成果数字化传播与共享将迎来更加广阔的发展前景。

6.4.1.1　国内高校科研成果数字化传播与共享的现状

近年来，随着数字化技术的迅猛发展和高校教师数字素养的普遍提升，国内高校科研成果的数字化传播与共享取得了显著进展。具体而言，主要体现在以下几个方面：

（1）数字化平台日益丰富。各高校纷纷建立起自己的科研成果数字化平台，如学术期刊网站、科研成果数据库、学术论坛等。这些平台不仅为科研成果的发布和传播提供了便捷渠道，还促进了学术交流和知识共享。

(2)科研成果传播速度加快。数字化传播方式打破了传统学术传播的时空限制，使科研成果能够迅速传播到全球各地。科研人员可以通过在线检索、下载、引用等方式获取所需成果，极大地提高了科研效率。

(3)科研成果共享程度提高。数字化平台使科研成果的共享成为可能。科研人员可以将自己的研究成果上传至平台供他人使用，也可以从平台上获取他人的研究成果进行参考和借鉴，这种共享机制促进了学术研究的深入发展和创新。

然而，尽管国内高校科研成果数字化传播与共享已经取得了一定成果，但仍存在一些问题和挑战。例如，部分高校在数字化平台的建设和管理上还存在不足，导致平台功能不完善、用户体验不佳；同时，由于知识产权保护和网络安全等方面的原因，一些科研人员对数字化传播与共享持保守态度，限制了科研成果的广泛传播和共享。

6.4.1.2　现状形成的主要原因

国内高校科研成果数字化传播与共享的现状是在多种因素共同作用下形成的，包括我国庞大的互联网用户群体、数字化技术的推动等。具体来说，主要有以下几个方面：

(1)庞大的互联网用户群体。我国庞大的互联网用户群体对高校科研成果数字化传播与共享起到了显著的促进作用。庞大的用户基数为科研成果提供了广阔的传播空间，使研究成果能够迅速触及更广泛的受众。互联网用户的多样化需求推动了科研成果的多元化呈现，促进了学术知识的普及和深入交流。互联网用户间的互动和反馈机制，为科研人员提供了宝贵的信息和建议，有助于优化科研成果的呈现和传播方式。

(2)数字化技术的推动。数字化技术的发展为科研成果的数字化传播与共享提供了强大的技术支持。云计算、大数据、人工智能等技术的应用使科研成果的存储、检索、分析和传播变得更加便捷和高效。这为科研人员提供了更多的选择和可能性，推动了科研成果的数字化传播与共享的发展。

(3)高校教师数字素养的提升。随着数字化时代的到来，高校教师的数字素养普遍得到提升。他们不仅能够熟练掌握各种数字化工具和技术，还能够将数字化思维融入科研工作中去。这种数字化素养的提升使高校教师能够更加积极地参与科研成果的数字化传播与共享，推动了这一领域的发展。

(4)科研创新的需求。随着科研创新活动的日益频繁和深入，科研成果的传播与共享需求也越来越强烈。数字化传播与共享方式能够满足这一需求，使科研成果能够迅速传播到全球各地并被广泛利用。这种需求推动了科研人员更加积极地寻求数字化传播与共享的途径和方法。

(5)政策支持和引导。近年来，国家和政府出台了一系列政策支持和引导科研成果的数字化传播与共享。例如，国家鼓励高校建设数字化平台、推动科研成果的在线发布和共享等。这些政策为科研成果的数字化传播与共享提供了有力的保障和支持。

(6)国际合作与交流的影响。国际合作与交流也是推动国内高校科研成果数字化传播与共享的重要因素之一。通过与国际高校和研究机构的合作与交流，国内高校可以借鉴和学习先进的数字化传播与共享技术和经验，提升自身的科研水平和竞争力。同时，国际合作与交流还可以促进学术交流和知识共享，推动全球科研创新的深入发展。

6.4.2　科研成果数字化传播与共享的不足和缺点

在高校教师数字素养提升与科研创新的大环境下，国内高校科研成果数字化传播与共享已逐渐崭露头角，但在此过程中也暴露出诸多不足、缺点。这些问题的成因涉及技术、管理、政策、法规和人员等多个方面。因此，需要从多个角度入手加以解决和改进。以下是对这些方面及其成因的详细阐述。

6.4.2.1　成果数字化传播与共享的不足

(1)数字化平台功能不完善。尽管许多高校都建立了自己的科研成果数字化平台，但其中不少平台在功能上存在明显不足。例如，部分平台界面设计不够友好，用户体验不佳；检索功能不够强大，难以快速准确地找到所需信息；缺乏互动交流功能，科研人员之间难以进行有效的学术讨论和合作。

(2)科研成果数字化质量参差不齐。在数字化传播与共享过程中，科研成果的质量是关键。然而，由于各高校科研水平和数字化处理能力的差异，导致科研成果数字化质量参差不齐。一些高质量的科研成果可能因数字化处理不当而失去其应有的价值，而一些低质量的成果则可能因缺乏有效筛选而误导科研人员。

(3)知识产权保护和网络安全问题。科研成果数字化传播与共享涉及知识产权保护和网络安全等问题。然而，在现实中，这些问题往往被忽视或处理不当。一些科研成果在未经授权的情况下被非法传播和使用，严重侵犯了知识产权；同时，网络安全漏洞也可能导致科研成果泄露和损失。

(4)缺乏统一标准和规范。目前，国内高校科研成果数字化传播与共享缺乏统一的标准和规范。不同高校之间的平台存在差异，难以实现有效的互联互通和数据共享。这不仅增加了科研人员获取和利用成果的难度，也影响了科研创新的效率和效果。

6.4.2.2 造成上述不足和缺点的原因

（1）技术因素。数字化传播与共享技术的发展水平直接影响高校科研成果的数字化质量和传播效果。目前，虽然数字化技术已经取得了显著进步，但在某些方面仍存在不足和局限性。这导致部分高校在数字化平台建设和管理上难以达到理想效果。

（2）管理和投入因素。高校对科研成果数字化传播与共享的管理和投入也是影响其发展的重要因素。一些高校可能因管理不善或投入不足而导致数字化平台建设滞后、成果数字化质量不高等问题。

（3）政策和法律法规因素。政策和法律法规对高校科研成果数字化传播与共享具有重要影响。目前，虽然国家和政府已经出台了一系列相关政策和法律法规，但在执行和监管上仍存在一些不足和漏洞。这可能导致一些不良行为的出现，如知识产权侵权、非法传播等。

（4）科研人员素质和意识因素。科研人员的素质和意识也是影响高校科研成果数字化传播与共享的重要因素。一些科研人员可能因缺乏数字化素养或意识不足而难以充分利用数字化平台进行成果传播和共享。同时，一些科研人员可能因担心知识产权等问题而对数字化传播与共享持保守态度。

6.4.2.3 改进的措施

（1）加强数字化平台建设。高校应加强对数字化平台的建设和管理，提高平台的功能性和用户体验。通过优化界面设计、增强检索功能、增加互动交流功能等方式，提升平台的易用性和互动性。同时，应加强对平台的维护和更新，确保平台的稳定性和安全性。

（2）提高科研成果数字化质量。高校应加强对科研成果数字化质量的把控和管理。在数字化处理过程中，应确保科研成果的准确性和完整性，避免因处理不当而导致成果价值的损失。同时，应加强对低质量成果的筛选和过滤，确保科研人员能够获取高质量的科研成果。

（3）加强知识产权保护和网络安全管理。高校应加强对知识产权的保护和对网络安全的管理。通过建立完善的知识产权保护机制和网络安全防护体系，确保科研成果在数字化传播与共享过程中得到充分的保护。同时，应加强对非法传播和使用行为的打击力度，维护知识产权的合法权益。

（4）建立统一标准和规范。为了促进高校科研成果数字化传播与共享的发展，应建立统一的标准和规范。通过制订统一的平台标准、数据标准、管理规范等，实现不同高校之间的平台互联互通和数据共享。这将有助于提高科研人员获取和利用成果的效率，促进科研创新的深入发展。

第 7 章　高校教师数字素养与社会服务

高校教师数字素养与社会服务密切相关，提升教师数字素养对于增强高校教师的社会影响力具有重要意义。随着信息技术的迅猛发展，数字素养已成为高校教师不可或缺的核心能力。高校教师作为知识传授者、科研创新者以及社会服务的提供者，其数字素养的高低直接关系到社会服务的质量和效果。因此，探讨高校教师数字素养与社会服务的关系、重要性、现状、成因以及未来发展方向，对于提升高校教师的社会服务能力和水平具有重要意义。未来，高校应加强对教师的数字素养培训、推广数字教学资源、深化社会服务合作以及建立数字素养评价体系等方面的工作，以推动教师数字素养的全面提升和社会服务能力的不断增强。

（1）高校教师数字素养与社会服务的关系。高校教师数字素养与社会服务之间存在密切的关系。首先，数字素养是教师开展社会服务的基础。在信息化时代，教师需要通过数字技术获取、分析和处理信息，以便更好地了解社会需求和问题，为社会提供有针对性的服务。其次，社会服务也是提升教师数字素养的重要途径。通过参与社会服务活动，教师可以将所学的数字技能应用于实践中，不断提升自己的数字素养水平。

（2）高校教师数字素养的重要性。①提升教学质量。数字素养有助于教师利用数字技术改进教学方法和手段，提高教学质量，改善教学效果。②促进科研创新。数字素养使教师能够更高效地获取和分析科研数据，推动科研创新和发展。③拓展社会服务领域。数字素养使教师能够更广泛地参与社会服务活动，为社会提供更多元化、更高质量的服务。

（3）高校教师数字素养的现状。当前，我国高校教师的数字素养水平参差不齐。一些教师具备较高的数字技能和应用能力，能够熟练利用数字技术进行教学、科研和社会服务；而部分教师则数字素养较低，难以适应信息化时代的教学和科研需求。

造成上述现状的原因主要有四个方面：①教育背景差异。不同教育背景的教师对数字技术的掌握程度和应用能力存在差异。②培训不足。部分高校对教师的数字素养培训重视不够，导致教师数字技能提升缓慢。③资源投入不均。不同高校在数字教学资源建设和投入上存在差异，导致教师数字素养发展不均衡。④起步较晚。由于历史原因，我国高校教师数字素质教育起步较晚，落后于发达国家，尤其是美国。

（4）高校教师数字素养对社会影响力的作用。提升高校教师的数字素养对于增强社会影响力具有重要意义。首先，具备较高数字素养的教师能够更好地满足社会的信息需求，为社会提供高质量的信息服务。其次，数字素养较高的教师能够更有效地利用数字技术开展社会服务活动，为社会创造更大的价值。最后，数字素养的提升还有助于教师树立良好的社会形象，进而提高社会对高校的认可度和信任度。

（5）高校教师数字素养服务社会的未来发展方向。①加强数字素养培训。高校应加强对教师的数字素养培训，提高教师的数字技能和应用能力。培训内容应涵盖数字技术基础知识、教学应用、科研创新以及社会服务等方面。②推广数字教学资源。高校应积极推广数字教学资源，为教师提供更多的教学辅助工具和支持。同时，应鼓励教师利用数字教学资源进行教学创新和实践。③深化社会服务合作。高校应加强与政府、企业等社会组织的合作与交流，共同开展社会服务活动。通过深化合作，促进教师数字素养与社会服务需求的紧密结合。④建立数字素养评价体系。高校应建立完善的数字素养评价体系，对教师的数字素养水平进行定期评估和反馈。通过建设和应用评价体系，激励教师不断提高自己的数字素养水平。

7.1 高校教师数字素养对社会服务的重要性

在信息化、数字化时代背景下，人工智能一日千里，迭代时间越来越短，高校教师作为知识传播者、科研创新者以及社会服务的提供者，其数字素养的高低对社会服务的整体质量和效果具有深远影响。数字素养不仅涉及教师对数字技术的理解和应用能力，还涉及他们在数字化环境中解决问题的能力以及与他人协作的能力。本小节将从提升教学质量、促进科研创新、拓展社会服务、培养优质数字人才和提升高校办学质量等方面，详细论述高校教师数字素养对社会服务的重要性。

（1）提升教学质量。①教学方法创新。具备较高数字素养的高校教师能够利用数字技术，如在线教学平台、虚拟实验室等，创新教学方法和手段，提高学生的学习兴趣和参与度。这不仅有助于强化学生的学习效果，还能培养学生的自主学习能力和创新思维。②教学资源优化。数字素养使教师能够更方便地获取和整合教学资源，为学生提供丰富多样的学习材料。这些资源不仅涵盖传统的文字和图片，还包括视频、音频、动画等多种形式，能够满足学生多样化的学习需求。③教学评价精准。通过数字技术，教师可以更精准地评价学生的学习情况，及时调整教学策略。例如，通过在线作业、考试等形式，教师可以快速了解学生的学习进度和问题所在，为学生提供更有针对性的辅导和帮助。

（2）促进科研创新。①数据获取与分析。数字素养使高校教师能够更高效地获取和处理科研数据，提高科研的准确性和效率。通过使用数据分析软件，教师可以深入挖掘数据背后的规律和趋势，为科研提供有力支持。②跨学科研究。数字技术的普及使跨学科研究成为可能。具备较高数字素养的教师能够更好地跨越学科界限，与其他领域的专家合作开展研究，推动科研创新的深入发展。③科研成果传播。数字素养有助于高校教师将科研成果更好地进行传播。通过学术数据库、在线期刊等平台，教师可以将自己的研究成果和全球研究者分享，扩大科研影响力。

（3）拓展社会服务。①信息咨询服务。高校教师可以利用数字技术为政府、企业等提供信息咨询服务。例如，通过分析大数据，教师可以为政府提供政策建议和决策支持，为企业提供市场分析和发展规划等服务。②公益培训项目。教师可以将自己的专业知识和数字技能应用于公益培训项目中，为社会培养更多具有数字素养的人才。这不仅有助于提升社会整体的数字素养水平，还能促进社会的和谐发展。③社会问题解决。通过使用数字技术，教师可以更深入地了解社会问题，并提出有效的解决方案。例如，在教育领域，教师可以利用数字技术改善教育资源分配不均的问题；在环保领域，教师可以利用数字技术监测环境污染情况并提出治理建议。

（4）培养优质数字人才。高校作为人才培养的重要基地，其教师数字素养的高低直接关系到培养出的学生的数字素养水平。具备较高数字素养的教师能够为学生提供更好的数字教育和培训，帮助学生掌握数字技能并提升创新思维和解决问题的能力。这将有助于培养出更多具有数字素养的优秀人才，推动社会的数字化发展。

（5）提升高校办学质量。①教学水平提升。通过提升教师的数字素养，可以提高高校整体的教学水平。这将有助于吸引更多优秀学生报考该校，进而提升学校的声誉和影响力。②科研实力增强。教师的数字素养提升将促进科研实力的增强。高校可以依托教师的科研实力和创新能力，开展更多高水平的科研项目并创造更多有影响力的科研成果。③社会服务能力提高。高校教师的数字素养提升将带动社会服务能力的整体提高。通过提供更加高效、便捷的社会服务，高校可以更好地履行其社会责任并赢得社会的广泛认可。

高校教师数字素养对社会服务具有重要意义。通过提升教学质量、促进科研创新、拓展社会服务、培养优质数字人才和提升高校办学质量等方面的工作，高校教师可以更好地发挥其在社会服务中的作用并推动社会的数字化发展。

7.1.1 教师数字素养对教学质量、科研创新的重要性

在当今数字化、信息化时代，高校教师的数字素养已成为提升教学质量、促进科研创新的关键因素之一。数字素养不仅涉及教师对数字技术的掌握和运用，更涵盖了其在数字化环境中解决问题的思维方式和创新能力。本小节将从教师数字素养的社会服务属性，包括提升教学质量、促进科研创新两个方面，深入探讨高校教师数字素养的重要性。

7.1.1.1 高校教师数字素养的社会服务属性

高校教师的数字素养不仅对其教学质量和科研创新产生重要影响，还体现了其社会服务的属性。通过提高教学质量和促进科研创新，高校教师能够更好地履行为社会培养人才、推动科技进步的职责。同时，具备较高数字素养的教师还能够利用数字技术为社会提供信息咨询、公益培训等服务，推动社会的数字化发展并提升社会的整体福祉。因此，高校教师的数字素养不仅是其个人发展的重要支撑，也是其履行社会服务职责的重要基础。

7.1.1.2 高校教师数字素养对提升教学质量的重要性

(1)创新教学方法与手段。具备较高数字素养的高校教师能够充分利用数字技术，创新教学方法和手段。通过引入在线教学平台、虚拟实验室等数字化教学资源，教师可以打破传统教学的时空限制，为学生提供更加灵活、多样化的学习体验。这种创新的教学方式能够激发学生的学习兴趣和积极性，提高学习效果和满意度。

(2)优化教学资源配置。数字素养使教师能够更方便地获取和整合教学资源，为教学提供丰富多样的素材和案例。通过数字技术，教师可以轻松地从网络上获取最新的学术成果、行业动态和教学案例，并将其融入教学中。这不仅丰富了教

学内容，也提高了教学质量和效率。

（3）精准评估教学效果。数字技术为教师提供了更精准的评估教学效果的工具和方法。通过在线作业、在线考试和问卷调查等数字化手段，教师可以及时收集学生的学习数据，了解学生的学习情况和问题所在。基于这些数据，教师可以进行针对性的教学调整和改进，改善教学效果。

7.1.1.3　高校教师数字素养对促进科研创新的重要性

（1）提高科研效率与准确性。数字素养使高校教师能够更高效地获取和处理科研数据，提高科研的效率和准确性。通过数据分析软件、数据挖掘工具等数字化手段，教师可以快速地进行数据收集、整理和分析工作，发现数据背后的规律和趋势。这不仅有助于教师深入研究问题并得出准确结论，还能够加速科研进程并提高科研成果的质量。

（2）拓展科研领域与合作。数字技术的普及和应用使跨学科研究成为可能。具备较高数字素养的高校教师能够跨越学科界限，与其他领域的专家合作开展研究。通过数字技术，教师可以更方便地获取和分享研究数据、方法和成果，促进科研领域的交流和合作。这种跨学科的研究有助于推动科研创新的深入发展并创造更多有影响力的科研成果。

（3）加速科研成果的转化与应用。数字素养还有助于高校教师将科研成果更好地转化和应用到实践中去。通过数字技术，教师可以将科研成果以数字化形式呈现给更广泛的受众群体。这不仅可以提高科研成果的知名度和影响力，还能够促进科研成果在实际中的应用和推广。同时，教师还可以通过数字技术加强与政府、企业等社会组织的合作与交流，共同推动科研成果的转化和应用工作。

7.1.2　教师数字素养对拓展社会服务的重要性

随着信息技术的飞速发展，数字素养已成为高校教师不可或缺的核心能力。在数字化时代，高校教师的数字素养不仅关系到教学质量和科研创新，而且对拓展社会服务产生深远影响。本小节将从这方面详细阐述高校教师数字素养的重要性。

（1）拓宽服务领域。高校教师的数字素养有助于拓宽社会服务的领域。通过运用数字技术，教师可以更加深入地了解社会需求，为政府、企业、社区等提供多元化的服务。例如，利用大数据分析技术，教师可以为政府提供政策咨询和决策支持；通过在线教育平台，教师可以为企业和社区提供职业培训和咨询服务。这些服务不仅提升了高校的社会影响力，也促进了社会的和谐发展。

（2）提升服务质量。较高的数字素养使高校教师能够更高效地处理和分析数据，提高社会服务的准确性和效率。教师可以通过数字技术收集、整理和分析社会问题的相关数据，为服务对象提供更加精准、有效的解决方案。此外，数字技术还有助于实现服务的个性化和定制化，满足不同群体的需求，进一步提升服务质量和满意度。

（3）拓展服务渠道。高校教师的数字素养有助于拓展社会服务的渠道。通过数字化手段，教师可以打破传统服务的时空限制，采取远程服务、在线服务等多种服务模式。这些服务模式不仅提高了服务的便捷性和可及性，也降低了服务成本，使更多人能够享受到高质量的社会服务。

7.2 数字化教学资源在社会服务中的应用

未来高校数字化教学资源在社会服务中的应用将更加广泛、深入和高效。通过提高资源质量、完善共享机制、提升教师数字素养、加强学生应用能力、推进智能化发展和绿色发展等措施，数字化教学资源将在社会服务中发挥更加重要的作用。

（1）数字化教学资源在社会服务中的应用现状。在当前的高校环境中，数字化教学资源在社会服务中的应用日益广泛，其应用状况呈现出以下几个特点：①资源共享化。许多高校通过建设数字化教学资源平台，实现了优质教学资源的共享。这不仅丰富了学生的学习体验，也为社会提供了宝贵的学习资源。②服务多元化。高校数字化教学资源不再局限于传统的课堂教学，而是向远程教学、在线教育、职业培训等多个领域延伸，满足了社会多元化的学习需求。③互动性强。借助数字技术，师生、生生之间的互动变得更加便捷。学生可以随时随地提问、讨论，教师也能及时解答疑惑，提高了学生的学习效率。

（2）造成上述现状的原因。数字化教学资源在社会服务中得到广泛应用的原因主要有以下几个方面：①技术进步。随着互联网、大数据、人工智能等技术的不断发展，数字化教学资源的获取、存储、传输和应用变得更加便捷和高效。②政策推动。近年来，国家出台了一系列政策，鼓励高校推进数字化教学资源建设，提高教育资源共享水平。③社会需求。随着社会的不断发展，人们对教育的需求日益多样化、个性化。数字化教学资源具有灵活性、便捷性等特点，满足了这一需求。

(3)数字化教学资源在社会服务中的应用表现不足之处。尽管数字化教学资源在社会服务中得到了广泛应用，但仍存在一些不足之处：①资源质量参差不齐。由于数字化教学资源来源广泛，质量参差不齐，一些资源内容陈旧、形式单一，难以满足学生的学习需求。②资源共享机制不完善。目前，高校之间的数字化教学资源共享机制尚不完善。一些优质资源被限制在少数高校内部使用，无法充分发挥其社会价值。③教师数字素养有待提高。部分教师缺乏数字化教学资源的开发和应用能力，难以将传统教学资源转化为数字化教学资源。④学生使用能力不足。部分学生缺乏使用数字化教学资源的能力，导致资源利用效率低下。

(4)数字化教学资源未来发展方向和趋势。针对以上不足，未来高校数字化教学资源在社会服务中的发展方向和趋势主要体现在以下几个方面：①提高资源质量。加强数字化教学资源的质量监管和评估，确保资源内容新颖、形式多样、质量可靠。同时，鼓励教师积极参与数字化教学资源的开发和制作，提高资源的针对性和实用性。②完善共享机制。建立健全高校之间的数字化教学资源共享机制，打破校际壁垒，实现优质资源的共享和互通。同时，加强高校与社会各界的合作与交流，推动数字化教学资源在社会各领域的广泛应用。③提升教师数字素养。加强教师的数字化教学培训和指导，提高教师的数字化教学资源开发和应用能力。同时，鼓励教师积极参与数字化教学实践和研究，推动数字化教学资源的创新应用。④加强学生使用能力。通过开设数字化教学资源使用培训课程、提供在线学习支持等方式，提高学生的数字化教学资源使用能力。同时，加强学生的信息素养教育，培养学生的自主学习和终身学习能力。⑤智能化发展。借助人工智能、大数据等先进技术，实现数字化教学资源的智能化管理和应用。通过智能推荐、智能分析等功能，为学生提供更加个性化、精准化的学习资源和服务。同时，促进数字化教学资源与课程的深度融合，推动教学模式和方法的创新。⑥绿色发展。在数字化教学资源建设和应用过程中，注重节能减排、绿色环保等理念。通过采用低碳环保的技术和设备、优化资源配置等方式，降低数字化教学资源建设和应用过程中的能耗和排放。同时，加强学生的环保教育，增强学生的绿色意识和责任感。

7.2.1　数字化教学资源服务于高校教学

中国高校数字化教育资源在社会服务中的应用正逐步展现出广泛而深远的影响。随着信息技术的飞速发展和数字化教育资源的不断完善，高校在教学、科研和社会服务等方面的作用日益凸显。

7.2.1.1 现状概述

随着信息技术的迅猛发展，我国高校在数字化教学资源建设方面取得了显著成果。目前，大多数高校已建立了较为完善的数字化教学资源库，涵盖了从基础课程到专业课程，从电子教材到实验仿真等多种类型的教学资源。这些数字化教学资源不仅极大地丰富了教学内容，也为教师提供了更多元化的教学手段，使教学更加生动、直观。

数字化教学资源在高校教学中的应用也日益广泛。许多教师开始尝试利用在线课程、多媒体教学等工具进行教学，而学生则可以通过网络随时随地进行学习，提高了学习的便捷性和灵活性。此外，高校还通过数字化平台实现了教学资源的共享与交流，促进了教学质量的提升。

7.2.1.2 对高校教学的促进作用

（1）教学内容丰富化。数字化教学资源打破了传统教材的局限，提供了更多元、丰富的教学内容。这有助于学生更全面地了解所学知识，拓展视野，培养创新思维。

（2）教学模式多样化。数字化教学资源的应用推动了教学模式的创新。教师可以利用多媒体、在线课程等工具进行教学，实行翻转课堂、混合式教学等新型教学模式。这些教学模式注重学生的参与和互动，有助于提高学生的学习兴趣和积极性。

（3）学习方式个性化。数字化教学资源具有灵活性和可定制性，学生可以根据自己的学习需求和兴趣选择适合自己的学习资源和学习方式。这有助于实现个性化学习，满足不同学生的学习需求。

7.2.1.3 数字化教学资源服务在教育中存在的问题

尽管数字化教学资源在高校教学中发挥了重要作用，但仍存在一些问题：

（1）资源质量参差不齐。目前，高校数字化教学资源数量庞大，质量参差不齐。一些资源内容陈旧、形式单一，难以满足学生的学习需求。此外，部分资源存在版权问题，给教学带来了一定的风险。

（2）教师应用能力不足。虽然数字化教学资源为教师提供了更多元化的教学方法，但部分教师仍缺乏相应的应用能力。他们可能无法充分利用数字化教学资源进行教学设计，或者无法有效地引导学生进行自主学习。

（3）学生自主学习能力有待提高。数字化教学资源要求学生具备一定的自主学习能力。然而，部分学生可能缺乏这种能力，无法有效地利用数字化教学资源进行学习。这可能导致部分学生学习效果不佳，甚至产生挫败感。

7.2.2　与国际名校存在差距

与国际名校相比，我国高校在数字化教学资源建设与应用方面还存在一定的差距。

(1)资源整合能力较弱。国际名校在数字化教学资源建设方面注重资源整合和优化配置，形成了完善的教学资源体系。而我国高校在资源整合方面还存在不足，难以形成统一、高效的数字化教学资源平台。

(2)技术创新能力不足。国际名校在数字化教学资源建设中注重技术创新和应用，不断推出新的教学工具和教学方法。而我国高校在技术创新方面相对滞后，缺乏具有自主知识产权的教学平台和教学工具。

(3)国际合作与交流不足。国际名校在数字化教学资源建设方面积极开展国际合作与交流，引进国外优质教学资源和技术。而我国高校在国际合作与交流方面还存在不足，缺乏与国际名校的深入交流和合作。

为缩小与国际名校的差距，我国高校应加强数字化教学资源建设与应用方面的投入力度，提高资源整合能力和技术创新能力，加强国际合作与交流，引进国外优质教学资源和技术，不断提升教学质量和水平。同时，还应注重培养教师和学生的数字素养和自主学习能力，努力缩小与国际名校之间的差距。

7.2.3　未来发展趋势和方向

高校数字化教学资源在社会服务中的应用，正迎来前所未有的发展机遇和广阔前景。高校应积极适应数字化时代的发展要求，加强数字化教学资源的建设和管理，推动其在社会服务中的广泛应用和深入发展。同时，高校还应注重与政府和社会各界的合作与互动，共同推动教育事业的发展和社会的进步。

7.2.3.1　发展前景

(1)资源共享与普及化。随着高校数字化教学资源的不断丰富和完善，越来越多的优质资源将被整合到统一的平台上，实现资源共享和普及化。这不仅有利于提高教学质量，还有助于缩小教育资源的地区差异，促进教育公平。

(2)个性化学习需求的满足。数字化教学资源具有灵活、便捷、可定制等特点，能够满足不同学习者的个性化需求。未来，高校将更加注重对学习者需求的挖掘和分析，提供更具针对性、个性化的学习资源，以满足学习者在职业发展、兴趣爱好等方面的需求。

(3)跨界融合与创新发展。随着数字化技术的不断革新和应用领域的不断拓展，高校数字化教学资源将逐渐实现跨界融合和创新发展。例如，与虚拟现实、人工智能等技术的结合，将为学习者提供更加沉浸式和智能化的学习体验；与产业界的合作，将推动产学研深度融合，促进知识创新和技术转移。

7.2.3.2 发展趋势

（1）智能化与自适应教学。未来高校数字化教学资源将更加注重智能化和自适应教学。通过智能算法和数据分析技术，系统能够自动分析学习者的学习情况和学习需求，为其推荐合适的学习资源和路径，实现个性化教学和精准辅导。同时，系统还能够根据学习者的反馈和学习效果进行实时调整和优化，提高学习效率和质量。

（2）交互性与协作式学习。随着网络技术的不断发展和普及，未来高校数字化教学资源将更加注重交互性和协作式学习。学习者可以通过在线平台与教师和同学进行实时交流和讨论，共同解决问题和分享经验。这种学习方式不仅能够提高学习者的参与度和积极性，还有助于培养学习者的团队协作和沟通能力。

（3）多元化与开放化。未来高校数字化教学资源将呈现多元化和开放化的趋势。除了传统的文本、图像和视频等教学资源外，还将出现更多元化的教学资源形式，如虚拟实验、在线仿真等。同时，高校将积极推动数字化教学资源的开放和共享，鼓励更多的教育机构和个人参与数字化教学资源的建设和应用，共同推动教育事业的繁荣发展。

（4）国际化与跨文化交流。随着全球化的不断深入和推进，未来高校数字化教学资源将更加注重国际化和跨文化交流。高校将积极引进国际先进的数字化教学资源和技术手段，推动国际间的教育合作和交流。同时，高校还将注重培养学习者的跨文化素养和全球视野，为其未来的国际化和全球化发展奠定坚实基础。

7.3 高校教师数字素养与社会需求的契合

当前高校教师数字素养与社会需求的契合程度正在不断提高，这种趋势在一定程度上是由多方面因素共同造成的，并且未来将呈现出深度融合、个性化教学、跨界合作和持续学习的发展趋势。教师需要不断提升自身的数字化教学能力，以更好地适应教育信息化的发展需求。

随着信息技术的快速发展和普及，数字化已经渗透到了社会的方方面面，包括教育领域。在这样的背景下，社会对高校教师的数字素养提出了更高的要求。数字素养不再是一种附加的技能，而成为教师必备的基本素养之一。教师需要具备运用信息技术进行教学设计、教学实施、教学评价等能力，以更好地适应教育信息化的发展趋势。

教育改革的不断推进也在促进高校教师数字素养与社会需求的契合。随着教育理念的更新和课程体系的调整，越来越多的高校开始注重培养学生的创新能力、实践能力和信息素养，这就要求教师具备相应的数字化教学能力，这样才能更好地引导学生适应现代社会的发展需求。

此外，高校教师自身的素养提升也是推动数字素养与社会需求契合的重要因素。越来越多的教师意识到数字化教育的重要性，他们积极参与各种形式的教育培训，提升自己的数字化教学水平。一些高校还建立了数字化教学平台和资源中心，为教师提供数字化教学技术支持和培训服务，从而促进了教师数字素养的提升。

随着社会的不断发展和教育的不断深化，高校教师数字素养与社会需求的契合将会呈现出以下几个发展趋势：

（1）深度融合。高校教师将数字技术融入教学的方方面面，不仅仅局限于使用电子教案或多媒体课件，而是更加注重数字技术与学科知识的深度融合，通过信息技术提升教学质量和效果。

（2）个性化教学。随着人工智能和大数据技术的应用，教师将更加注重学生个性化学习需求的满足。数字技术将为教师提供更多的教学数据和学生反馈信息，帮助教师更好地针对学生的特点和需求进行个性化教学。

（3）跨界合作。数字化教育将促进不同学科之间、不同高校之间的教学资源共享和合作。高校教师将更加开放地借鉴其他学科和高校的优秀教学经验和教学资源，实现跨界合作，共同提升数字化教学水平。

（4）持续学习。教师数字素养的提升是一个持续的过程，未来高校教师将更加重视自身的职业发展和学习，不断提升自己的数字化教学能力，以适应教育和社会的发展需求。

7.3.1　教师数字素养与社会需求的契合现状

在高等教育领域迎来数字化转型的浪潮背景下，高校教师的数字素养直接关系到教育教学质量的提升以及学生数字技能的培养。本小节旨在阐述当前我国高校教师数字素养与社会需求契合的现状，并探讨其中的挑战与机遇。

7.3.1.1　教师数字素养与社会需求的契合现状

（1）数字素养逐渐成为教师的必备技能。在数字化时代，信息技术已经渗透到教育教学的各个环节。为了适应这一变革，高校教师不仅需要具备扎实的专业知识，还需要掌握一定的数字技术，如多媒体教学、在线课程设计、数据分析等。当前，我国许多高校已经意识到数字素养的重要性，并采取了相应措施加强教师数字素养的培训与提升。例如，开展数字技能培训班、举办数字教育研讨会等，以提高教师的数字技能和应用能力。

（2）教师数字素养与社会需求逐渐契合。随着我国经济的数字化转型和产业升级，社会对人才的数字技能要求越来越高。高校作为人才培养的重要基地，其教师的数字素养高低直接影响学生的数字技能培养。当前，我国高校教师的数字素养正在逐渐与社会需求相契合。他们通过不断学习和实践，掌握了更多的数字技术，能够更好地将数字技术与教育教学相结合，提高学生的数字技能和应用能力。

（3）部分地区和学校存在数字素养发展不均衡现象。尽管我国高校教师的数字素养整体在提升，但仍然存在部分地区和学校发展不均衡的现象。一些经济发达地区的高校在数字素养培养方面投入较多，教师的数字素养普遍较高；而一些经济欠发达地区的高校则面临资金、设备等方面的限制，教师的数字素养提升较慢。这种不均衡现象可能会影响教育公平和人才培养质量。

7.3.1.2 面临的挑战与机遇

（1）挑战。①教师数字素养提升需要持续投入和更新。随着信息技术的不断发展，新的数字技术不断涌现，教师需要不断学习和更新自己的数字技能。然而，由于工作繁忙、精力有限等原因，部分教师可能难以跟上数字技术的发展步伐。②教育数字化转型需要全面深化。当前，我国教育数字化转型仍处于初级阶段，许多方面还需要进一步完善。例如，数字化教学资源的建设、数字化教学平台的优化、数字化教学评价体系的建立等都需要进一步加强。

（2）机遇。①政策支持为教师数字素养提升提供了有力保障。近年来，我国政府出台了一系列政策文件，鼓励和支持高校加强教师数字素养的培训。这为教师数字素养的提升提供了有力的政策保障和支持。②数字化技术发展为教师数字素养提升提供了广阔空间。随着云计算、大数据、人工智能等技术的不断发展，数字化教学将变得更加智能、便捷和高效。这为教师数字素养的提升提供了广阔的空间。

不难看出，当前我国高校教师数字素养与社会需求的契合现状呈现出积极的发展态势。然而，两者的契合仍然面临一些挑战和机遇。为了进一步提升教师的数字素养和教育教学质量，需要政府、高校和社会各方共同努力，加强政策引导、资金投入和人才培养等方面的支持。同时，教师也应不断学习和更新自己的数字技能，以适应数字化时代的教育教学需求，满足社会对高质量、具有数字素养人才的要求。

7.3.2　教师数字素养与社会需求的契合发展趋势简析

高校教师数字素养在满足社会服务与社会需求方面呈现出深化数字化教学创新、加强跨学科融合、拓展在线教育平台、注重数据驱动决策以及强化教师数字素养培训等发展趋势。这些趋势不仅有助于提升高校教育的质量和效率，也有助于满足社会对人才的需求，促进社会的可持续发展。本小节将从满足社会服务和社会需求的角度出发，详细阐述高校教师数字素养的未来发展趋势。

7.3.2.1　深化数字化教学创新，满足社会多样化需求

随着社会的快速发展和技术的不断进步，社会对人才的需求呈现出多样化、个性化的特点。为了满足这一需求，高校教师需要进一步加强数字化教学的创新，利用先进的信息技术提升教学质量和效率。例如，通过引入虚拟现实(VR)、增强现实(AR)、人工智能(AI)等前沿技术，为学生提供更加沉浸式、交互式的学习体验，从而培养学生的创新思维和实践能力。此外，教师还需要结合社会热点和行业需求，开发具有针对性的数字化教学课程，以满足不同领域、不同行业对人才的需求。

7.3.2.2　加强跨学科融合，提升社会服务能力

在数字化时代，跨学科融合已成为推动社会发展的重要力量。高校教师作为知识创新的重要载体，应积极推动跨学科融合，提升社会服务能力。通过与其他学科的教师合作，共同开展科研项目、社会服务活动等，将不同领域的知识和技术进行有机融合，为解决社会问题提供新的思路和方法。例如，在环境保护、医疗健康、智慧城市等领域，高校教师可以发挥自身优势，为政府、企业等提供技术咨询、方案设计等服务，推动社会可持续发展。

7.3.2.3　拓展在线教育平台，实现教育资源共享

随着在线教育平台的兴起和发展，教育资源的共享已成为可能。高校教师应积极拓展在线教育平台，将优质的教学资源向更广泛的社会群体传播。通过建设在线课程、开放教育资源库等方式，实现教育资源的互通和共享，为更多人提供学习机会和发展空间。同时，教师还可以利用在线教育平台开展远程教学、辅导答疑等活动，为不同地域、不同背景的学生提供个性化的学习支持。

7.3.2.4　注重数据驱动决策，提升教学管理效率

在数字化时代，数据已成为推动教育发展的重要力量。高校教师需更加注重数据驱动决策，利用大数据、人工智能等技术手段对教学数据进行收集、分析和

挖掘，以发现教学过程中的问题和不足，为教学管理提供科学依据。通过数据驱动决策，教师可以更加精准地制订教学计划、优化教学方法、评估教学效果等，从而提升教学管理的效率和质量。同时，教师还可以利用数据分析技术对学生的学习行为、学习效果等进行跟踪和分析，为学生提供更加个性化的学习支持和指导。

7.3.2.5 强化教师数字素养培训，提升整体素质

为了满足社会服务和社会需求对教师数字素养的要求，高校需进一步加强教师数字素养的培训。通过定期举办数字化教学研讨会、数字技能培训班等活动，为教师提供系统的学习和交流机会。同时，高校还将建立完善的教师数字素养评价体系和激励机制，鼓励教师积极提升数字素养和教育教学能力。通过强化教师数字素养培训，可以提升教师整体素质和教学水平，为高校教育的可持续发展提供有力保障。

7.4 高校教师数字素养对社会影响力的提升

我国高校教师数字素养的提升对社会影响力产生了深远而积极的影响。当前，数字化已经成为推动社会进步的重要力量，而高校教师作为知识传播和创新的主体，其数字素养的高低直接关系到社会整体的发展水平。本节将从教学模式、科研创新、社会服务、学生素养和文化传播等方面详细阐述当前我国高校教师数字素养对社会影响力的提升。

（1）促进教学模式变革。高校教师数字素养的提升，极大地推动了教育教学模式的变革。传统的课堂教学已经无法满足现代学生的学习需求，而数字化教学以其独特的优势，如资源丰富、互动性强、个性化教学等，受到了广大师生的青睐。高校教师通过掌握和应用数字技术，能够设计出更加生动、有趣、高效的课程，激发学生的学习兴趣和创造力，优化教学效果。同时，数字化教学还能够打破时间和空间的限制，实现远程教育和在线学习，为更多人提供学习机会，推动教育公平。

（2）提升科研创新能力。高校教师数字素养的提升，促进了高校科研创新能力的提升。在数字化时代，科研数据的获取、处理和分析变得更加便捷和高效，这为科研工作者提供了更多的研究资源和工具。高校教师通过学习和掌握数字技术，能够更好地处理和分析数据，发现新的科研问题，提出新的解决方案。同时，数字化还能够加强科研人员之间的交流和合作，推动科研成果的转化和应用。这

些都有助于提升我国高校的科研水平和创新能力，为国家的科技进步和经济发展作出贡献。

(3)拓展社会服务功能。高校教师数字素养的提升，还拓展了其社会服务功能。在数字化时代，高校教师的社会服务不再局限于传统的知识传授和咨询服务，而是可以通过数字技术为社会提供更加广泛、深入的服务。例如，教师可以利用数字技术开展在线教育、远程培训等活动，为更多人提供学习机会和职业发展支持；教师还可以利用数字技术参与社会公益事业，如数字教育扶贫、科技志愿服务等，为社会的可持续发展贡献力量。这些都有助于提升高校教师的社会责任感和使命感，增强其社会影响力。

(4)培养学生数字素养。高校教师数字素养的提升，也为学生数字素养的培养提供了有力支持。在数字化时代，学生需要具备良好的数字素养才能适应社会的发展和变化。高校教师通过提升自身的数字素养，能够更好地指导学生学习和使用数字技术，培养学生的信息获取、处理、分析和利用能力。同时，教师还能够将数字技术与专业教学相结合，设计出更符合学生需求的教学内容和方式，激发学生的学习兴趣，提高学习效果。这些都有助于提升学生的数字素养和综合素质，为其未来的职业发展和社会适应能力奠定坚实基础。

(5)促进社会文化传播。高校教师数字素养的提升，还有助于社会文化的传播与普及。在数字化时代，社会文化的传播不再受到时间和空间的限制，而是可以通过互联网和数字技术迅速传播到世界各地。高校教师作为社会文化的重要传承者和传播者，通过提升自身的数字素养，能够更好地利用数字技术传播和普及社会文化知识。例如，教师可以通过社交媒体、在线教育平台等渠道发布自己的研究成果和教学经验；还可以通过数字化手段整理和保存历史文化遗产等。这些都有助于丰富人们的精神文化生活，推动社会文化的发展和繁荣。

当前我国高校教师数字素养的提升对社会产生了深远的影响。这不仅推动了教育教学模式的变革和科研创新能力的提升，还拓展了社会服务功能，促进了学生数字素养的培养，同时也推动了社会文化的传播与普及。这些都有助于提升我国高校的社会声誉和影响力，为国家的发展作出更大的贡献。

7.4.1　高校教师数字素养对社会影响力的现状

7.4.1.1　现状说明

随着信息技术的迅猛发展，我国高校教师的数字素养得到了显著提升，对社会的影响力也日益增强。具体表现在以下几个方面：

(1)教育教学模式的创新。越来越多的高校教师开始运用数字技术进行教学设计、课程开发和在线教学，为学生提供了更加丰富多元和个性化的学习体验。这种教学模式的创新不仅提高了教学质量，也为学生提供了更多的学习选择。

（2）科研创新能力的提升。高校教师利用数字技术处理和分析科研数据，能够更快速、准确地发现新的科研问题，提出新的解决方案。这不仅提升了高校的科研水平，也为国家的科技进步和经济发展作出了贡献。

（3）社会服务功能的拓展。高校教师通过数字技术开展在线教育、远程培训等活动，为更多人提供了学习机会和职业发展支持。同时，他们还积极参与社会公益事业，如数字教育扶贫、科技志愿服务等，为社会的可持续发展贡献力量。

（4）学生数字素养的培养。高校教师通过提升自身的数字素养，能够更好地指导学生学习和使用数字技术，培养学生的信息获取、处理、分析和利用能力。这为学生未来的职业发展和社会适应能力奠定了坚实基础。

7.4.1.2　成因简析

当前我国高校教师数字素养提升的原因主要有以下几个方面：

（1）政策引导与支持。政府和教育部门高度重视高校教师数字素养的提升，出台了一系列政策文件和指导意见，鼓励高校加强数字化建设，提升教师的数字素养。

（2）信息技术的发展。随着信息技术的飞速发展，数字技术在教学、科研、社会服务等领域的应用越来越广泛。这为高校教师提升数字素养提供了技术支持和便利条件。

（3）教师自我提升的意识增强。越来越多的高校教师意识到数字素养的重要性，开始主动学习和掌握数字技术，提升自己的教学水平和科研能力。

（4）学生需求的变化。随着数字化时代的到来，学生的学习需求和方式也在发生变化。他们渴望获得更加丰富多元和个性化的学习体验。这促使高校教师不断提升数字素养，以满足学生的需求。

7.4.1.3　现存不足

尽管当前我国高校教师数字素养有了显著提升，但在一些方面仍存在不足或短板：

（1）数字素养水平参差不齐。不同高校、不同学科的教师数字素养水平存在较大差异。一些教师可能已经熟练掌握各种数字工具和资源，而另一些教师可能还停留在基本的操作层面。这种差异影响了数字素养的整体提升效果。

（2）应用意识不强。尽管许多教师已经认识到数字技术的重要性，但在实际教学中仍习惯于传统的教学模式。他们可能缺乏将数字技术整合到教学中的意识和动力，导致数字技术的优势未能充分发挥。

（3）培训和支持不足。目前针对教师数字素养的培训和支持体系尚不完善。一些高校虽然提供了相关的培训课程和资源，但往往缺乏系统性和连贯性，不能满足教师的实际需求。同时，对于教师在数字技术应用过程中遇到的问题和困难，高校也缺乏及时有效的支持和帮助。

（4）认知和理解不够透彻。部分教师对数字素养的认知和理解不够透彻，将数字素养简单地理解为掌握某些数字工具和技能。这种理解忽视了数字素养在信息素养、数据素养、网络素养等方面的丰富内涵，影响了教师数字素养的全面提升。

7.4.2　高校教师数字素养对社会影响力未来展望

高校教师数字素养对社会影响力的未来发展方向、未来特点与发展趋势，无疑将随着信息技术的不断进步和教育理念的持续更新而展现出新的面貌。

7.4.2.1　对社会影响力的未来发展方向

（1）深度融合与跨界创新。未来，高校教师的数字素养将不再局限于某一特定领域或技能，而是要实现与其他学科的深度融合和跨界创新。这种融合不仅将体现在教学内容和方式上，更将渗透到科研、社会服务等多个层面，形成一种全新的教育模式和社会服务方式。

（2）智能化与个性化。随着人工智能技术的不断发展，未来的教育教学将更加智能化和个性化。高校教师需要具备更高的数字素养，能够运用先进的技术手段为学生提供个性化的学习体验和精准的教学服务。同时，教师也需要不断学习和掌握新的技术，以适应智能化教育的发展需要。

（3）全球化与国际化。在全球化的背景下，高校教师的数字素养将更加注重国际化和跨文化交流。教师需要具备更广阔的视野和更强的国际交流能力，能够与国际同行进行深入的交流和合作，共同推动教育事业的进步。

7.4.2.2　对社会影响力的未来特点

（1）全面性。未来的高校教师数字素养将更加注重全面性，这要求教师不仅要具备基本的数字技能，还需要具备信息素养、数据素养、网络安全素养等多方面的能力。这种全面性的要求将使得教师能够更好地适应数字化时代的教育需求。

（2）创新性。在数字化时代，创新是推动教育事业发展的核心动力。高校教师需要具备创新意识和创新能力，不断探索新的教学模式、教学方法和教学手段，以满足学生的多样化需求。

（3）实践性。未来的高校教师数字素养将更加注重实践性。教师需要将数字技能应用到实际的教学和科研工作中，通过实践不断提升自己的数字素养和教育教学能力。

7.4.2.3 发展趋势

（1）持续学习与发展。随着信息技术的不断进步和新的教育理念不断涌现，高校教师需要具备持续学习和发展的态度。他们需要不断学习和掌握新的技术、新的理念和新的教学方法，以适应数字化时代的教育需求。

（2）团队协作与共享。在数字化时代，团队协作和资源共享将成为高校教师数字素养提升的重要途径。教师需要与同事、学生和其他利益相关者进行紧密的合作和交流，共同分享数字资源、教学经验和创新成果。这种团队协作和资源共享将有助于提高教师的教学水平和科研能力。

（3）跨学科融合与创新。未来的高校教师数字素养将更加注重跨学科融合和创新。不同学科之间的交叉和融合将产生新的研究领域和教学方法，为教育事业的发展注入新的活力。高校教师需要具备跨学科的知识和能力，能够与其他学科的专家进行合作和交流，共同推动跨学科研究的发展。

（4）国际合作与交流。在全球化的背景下，国际合作与交流将成为高校教师数字素养提升的重要趋势。教师需要具备更广阔的视野和更高的国际交流能力，能够与国际同行进行深入的交流和合作，共同推动教育事业的进步。这种国际交流与合作将有助于高校教师了解国际最新的教育理念和技术发展动态，提升自己的教育教学水平和科研能力。

综上所述，高校教师数字素养对社会影响力的未来发展方向、特点与趋势将呈现出深度融合与跨界创新、智能化与个性化、全球化与国际化的特点。同时，高校教师需要保持持续学习与发展的态度，加强团队协作与共享，推动跨学科融合与创新，并积极参与国际合作与交流，以不断提升自己的数字素养和教育教学能力。

第 8 章　高校教师数字素养与教育管理

当前，我国高校教师数字素养与教育管理正处在一个快速发展的阶段，面临着诸多机遇与挑战。

（1）教师数字素养与教育管理现状。①教师数字素养稳步提升。近年来，随着数字化教育的不断推进，高校教师开始注重自身数字素养的培养与提升。许多教师已经能够熟练使用数字化工具进行教学、科研和管理，为学生提供了更加丰富生动的学习体验。同时，教师也通过参与各种数字化培训和学习活动，不断提升自己的数字技能和信息素养。②教育管理数字化程度加深。高校教育管理正逐步向数字化、智能化方向发展。数字化管理平台的建设和应用，使教育管理更加高效、便捷。通过数字化平台，学校可以实时掌握学生的学习情况、教师的教学情况以及学校的各项管理数据，为决策提供有力支持。同时，数字化平台也为师生提供了更加便捷的服务，如在线选课、成绩查询、信息发布等。③存在的问题与挑战。尽管我国高校在教师数字素养与教育管理方面取得了一定的成绩，但仍存在一些问题和挑战。首先，教师数字素养水平参差不齐，部分教师仍缺乏必要的数字技能和信息素养；其次，教育管理数字化建设还存在不足，如存在系统整合不足、数据共享不畅、服务体验不佳等问题；最后，数字化教育的发展也面临着网络安全、隐私保护等挑战。

（2）教师数字素养与教育管理未来发展趋势。①教师数字素养全面提升。未来，高校将进一步加大对教师数字素养的培养力度，通过提供更加丰富的数字化培训和学习资源，以及制定相关政策和实施相关措施，激励教师积极提升自身数字素养。同时，学校也将注重培养教师的创新意识和创新能力，鼓励教师将数字技术应用于教学、科研和管理的各个环节，推动教育教学的创新和发展。②教育管理数字化向智能化、个性化发展。随着人工智能、大数据等技术的不断发展，教育管理将逐步实现智能化、个性化。学校将通过数字化平台收集和分析各类数据，为师生提供更加精准、个性化的服务。同时，学校也将利用人工智能技术优化管理流程，提高管理效率和质量。③数字化教育生态构建。未来，高校将注重构建数字化教育生态，通过整合各类数字化资源和服务，为师生提供更加全面、便捷的学习体验。学校将加强与外部机构的合作与交流，共同推动数字化教育的发展和创新。同时，学校也将注重培养学生的数字素养和创新能力，以适应数字化时代的需求。④应对挑战与保障安全。面对网络安全、隐私保护等挑战，高校将加强数字化教育的安全管理和保障措施。学校将建立完善的网络安全体系和数据保护机制，确保数字化教育的安全稳定运行。同时，学校也将加强师生网络安全教育和培训，提高师生的网络安全意识和防范能力。

未来我国高校在教师数字素养与教育管理方面将呈现出全面提升、智能化、个性化、生态化的发展趋势。同时，学校也将积极应对挑战与保障安全，为师生提供更加优质、高效的数字化教育服务。

8.1　数字化教育管理与高校教师数字素养

当前我国高校在数字化教育管理和教师数字素养方面取得了一定的成绩，但仍存在一些不足之处。为了推动数字化教育的深入发展，高校需要进一步加强和完善数字化教育管理系统的建设，提升教师的数字素养和创新能力，同时加强培训和支持力度，为师生提供更加优质、高效的数字化教育服务。

8.1.1　数字化教育管理与高校教师数字素养的现状

8.1.1.1　高校数字化教育管理与教师数字素养现状说明

（1）高校数字化教育管理现状。近年来，我国高等教育领域在数字化教育管理方面取得了显著的进展。众多高校已建立了完善的数字化教育管理系统，涵盖了教学、科研、学生管理等多个方面。这些系统不仅提高了教育管理的效率，也为师生提供了更加便捷的服务。例如，通过在线选课系统，学生可以轻松选择自己感兴趣的课程；通过数字化图书馆，师生可以随时随地访问丰富的学术资源。

（2）高校教师数字素养现状。随着数字化教育的不断发展，高校教师的数字素养也得到了显著提升。越来越多的教师开始掌握并使用各种数字化教学工具，如多媒体课件、在线教学平台等。这些工具不仅丰富了教学手段，也激发了学生的学习兴趣，提高了学习效果。同时，许多教师还积极参与数字化培训和学习活动，不断提升自己的数字技能和信息素养。

8.1.1.2　原因简析

(1)政策推动。近年来，我国政府高度重视数字化教育的发展，出台了一系列政策，实施了一系列措施。这些政策不仅为高校数字化教育管理提供了资金支持和技术保障，也为教师数字素养的提升创造了良好的环境。例如，国家教育部发布的《教育信息化2.0行动计划》就明确提出了提升师生信息素养、推动教育信息化转型升级的目标。

(2)技术进步。随着信息技术的不断进步，数字化教育管理和教学工具日益成熟。这些技术不仅为教育管理提供了更多的可能性，也为教师提供了更多的教学选择。同时，互联网、大数据、人工智能等技术的应用也为数字化教育管理提供了有力支持。

(3)师生需求。随着社会的不断发展，师生对于数字化教育管理和教学的需求也越来越高。学生希望通过数字化工具获得更加便捷、高效的学习体验；教师则希望通过数字化工具提高教学效果和效率。这种需求推动了高校数字化教育管理和教师数字素养的不断提升。

8.1.1.3　数字化教育管理与高校教师数字素养的不足和短板

(1)数字化教育管理存在不足。尽管我国高校在数字化教育管理方面取得了显著进展，但仍存在一些不足之处。例如，部分高校数字化教育管理系统的整合程度不够高，导致数据共享不畅、信息孤岛现象严重；部分高校数字化教育管理系统的功能不够完善，无法满足师生的多样化需求；此外，数字化教育管理系统的安全性和稳定性也存在一定的问题。

(2)教师数字素养存在差异。尽管许多教师的数字素养得到了提升，但不同教师的数字素养仍存在一些差异。一些年轻教师由于在数字化时代成长，具备较强的数字技能和信息素养；而另一些年长教师则由于年龄、技术背景等原因，数字素养相对较低。这种差异不仅影响了教学效果和效率，也制约了数字化教育的深入发展。

(3)培训和支持不足。尽管许多高校为教师提供了数字化培训和学习机会，但仍存在培训和支持不足的问题。部分高校的培训内容较为单一、浮于表面，无法真正提升教师的数字素养；部分高校缺乏完善的培训机制和支持体系，导致教师无法获得及时、有效的帮助和支持。

8.1.2 数字化教育管理与高校教师数字素养的发展前景

8.1.2.1 发展前景

随着信息技术的迅猛发展和教育理念的更新，未来数字化教育管理与高校教师数字素养的发展前景广阔。数字化教育管理将实现更高层次的智能化和个性化，而教师的数字素养也将得到全面提升，以适应数字化时代的教育需求。

8.1.2.2 发展趋势

(1)智能化与个性化。未来数字化教育管理将更加注重智能化和个性化。通过大数据、人工智能等技术手段，系统能够智能分析学生的学习情况、兴趣爱好等，为教师提供个性化的教学建议和资源推荐。同时，教师也能够根据学生的特点，制订个性化的教学计划和方法，提高教学效果。

(2)一体化与协同化。未来数字化教育管理将实现更高层次的一体化和协同化。不同部门、不同学科之间的数据将实现互通和共享，形成一个统一的教育管理平台。在这个平台上，教师可以方便地获取各种教学资源、管理学生信息、进行课程安排等。同时，教师之间也可以实现协同备课、协同教学等，提高教学质量。

(3)持续学习与专业发展。未来高校教师将更加注重持续学习和专业发展。随着数字化技术的不断更新换代，教师需要不断学习和掌握新的数字化技能和信息素养，以适应数字化时代的教育需求。同时，高校也将为教师提供更多的数字化培训和学习机会，帮助教师不断提升自己的数字素养和专业能力。

8.1.2.3 未来特点

(1)全面性。未来数字化教育管理与高校教师数字素养将更加注重全面性。教师不仅需要掌握基本的数字化技能和信息素养，还需要具备跨学科的知识和能力，以适应数字化时代的教育需求。同时，数字化教育管理也将覆盖教学、科研、学生管理等各个方面，形成一个全面的数字化教育生态系统。

(2)创新性。未来数字化教育管理与高校教师数字素养将更加注重创新性。教师需要具备创新意识和创新能力，能够利用数字化技术开展创新性的教学活动和科研工作。同时，数字化教育管理也将鼓励和支持教师进行教育创新实践，推动教育教学的改革和发展。

(3)国际化。未来数字化教育管理与高校教师数字素养将更加注重国际化。随着全球化的加速发展，国际化已经成为高等教育的重要趋势之一。高校教师需要具备国际视野和跨文化交流能力，能够与国际同行进行深入的交流和合作。同时，数字化教育管理也将加强与国际先进教育理念的对接和融合，推动高等教育的国际化发展。

8.1.2.4　提供支持

（1）技术进步。数字化技术的不断进步为数字化教育管理与高校教师数字素养的发展提供了有力支持。随着大数据、人工智能等技术的不断发展，数字化教育管理将实现更高层次的智能化和个性化；同时，这些技术也为教师提供了多元的数字化教学工具和方法，有助于教师提高教学效果和质量。

（2）教育需求。随着社会的不断发展和变化，教育需求也在不断变化。数字化教育管理和教师数字素养的发展能够满足这些变化的需求，为师生提供更加优质高效的教育服务。同时，数字化教育也能够打破传统教育的局限，为师生提供更加广阔的学习空间和更加丰富的学习机会。

8.2　学校数字化教育平台建设与管理

我国高校数字化教育平台建设与管理是教育现代化发展的重要组成部分，它直接影响着高等教育的质量。在这个过程中，高校教师的数字素养和教学管理起着至关重要的作用。

（1）高校教师的数字素养对数字化教育平台的建设与管理至关重要。数字素养包括信息意识、信息知识、信息能力和信息道德四个方面。①教师应当具备良好的信息意识，认识到数字化教育平台对教学的重要性，并且能够主动利用数字化资源进行教学。②教师需要具备扎实的信息知识，包括对数字化教育平台的基本原理和操作技能的了解。③在信息能力方面，教师应当具备利用数字化教育平台进行教学设计、教学实施和教学评价的能力。④教师的信息道德也至关重要，他们应当具备正确的信息伦理观念，合理、合法地利用数字化教育平台开展教学活动。

（2）教学管理是高校数字化教育平台建设与管理中不可或缺的因素。教学管理涉及教学资源的组织、分配和利用，以及教学过程的监督、评估和改进。在数字化教育平台建设与管理中，高校需要建立健全的教学管理体系，包括教学资源管理、课程管理、学生管理等方面。高校教师应当合理利用数字化教育平台的功能，进行课程内容的上传和更新，组织学生进行在线学习和讨论，并及时对学生的学习情况进行监督和评估。同时，高校还需要建立完善的教学评估机制，通过对教学过程和教学效果的评估，及时发现问题并进行改进，提高教学质量和效果。

高校数字化教育平台建设与管理需要教师具备良好的数字素养，并建立健全的教学管理体系。只有如此，才能更好地发挥数字化教育平台的作用，提高教学质量，促进教育现代化的发展

8.2.1 我国高校数字化教育平台建设与管理状况

数字化教育逐渐成为高等教育的重要组成部分，甚至是高校核心竞争力。数字化教育平台作为高校数字化转型的核心，对于提高教育质量、推动教育创新具有重要意义。本小节旨在探讨当前我国高校数字化教育平台的建设与管理状况，并分析其背后的原因。

8.2.1.1 我国高校数字化教育平台建设现状

近年来，我国高校在数字化教育平台建设方面取得了显著进展。许多高校已经建立了较为完善的数字化教育平台，涵盖了在线教学、资源共享、课程管理等多个方面。这些平台不仅提高了教学效率，也为学生提供了丰富的学习资源。与此同时，我们也应看到我国高校数字化教育平台建设仍存在一定的问题。例如，部分高校平台功能单一、资源匮乏，无法满足师生的多样化需求；部分平台存在技术漏洞，导致信息安全问题频发；还有一些平台缺乏有效的运营管理机制，导致资源利用效率低下等问题。

8.2.1.2 我国高校数字化教育平台管理现状

在数字化教育平台管理方面，我国高校也取得了一定成效。许多高校建立了专门的数字化教育管理部门或团队，负责平台的日常运营和维护。这些部门或团队通过制订相关规章制度、开展技术培训等方式，不断提高平台的运营效率和服务质量。然而，在数字化教育平台管理方面，我国高校仍存在一些不足。例如，部分高校平台管理制度不完善，导致平台运营过程中出现混乱和失序；部分高校缺乏专业的技术团队，导致平台技术维护困难；还有一些高校对平台建设的投入不足，导致平台发展受限等。

8.2.1.3 原因简析

(1)政策引导不足。政策引导是影响高校数字化教育平台建设与管理的重要因素之一。虽然我国政府近年来出台了一系列支持教育信息化的政策文件，但在具体实施过程中，政策引导力度仍显不足。这导致部分高校在数字化教育平台建设方面缺乏明确的目标和规划，难以形成有效合力。

(2)资金投入不足。数字化教育平台的建设与管理需要大量的资金投入。然而，当前我国高校在数字化教育方面的投入普遍不足，导致平台建设和管理的质量和

效率受到影响。此外，由于高校经费来源有限，部分高校在数字化教育方面的投入难以得到保障。

(3)技术支撑不足。技术支撑是数字化教育平台建设与管理的基础。然而，当前我国高校在数字化教育技术方面的研发和应用水平相对较低，缺乏自主研发能力和核心技术。这导致高校在数字化教育平台建设过程中需要依赖外部技术支持，难以形成自主创新能力。

(4)人才培养滞后。数字化教育平台的建设与管理需要一支具备专业技能和素质的人才队伍。然而，当前我国高校在数字化教育人才培养方面落后于实际需求。这导致高校在数字化教育平台建设和管理过程中缺乏专业人才支持，难以形成有效的管理和运营机制。

8.2.1.4　与外国顶尖高校的差距

(1)建设水平差距。与外国顶尖高校相比，我国高校在数字化教育平台建设方面仍存在一定差距。外国顶尖高校通常拥有更为完善的数字化教育平台，平台功能多样、资源丰富、技术先进。这些平台能够为学生提供更加优质、个性化的学习体验，满足学生的多样化需求。

(2)管理水平差距。在数字化教育平台管理方面，外国顶尖高校也表现出更高的水平。他们通常拥有更完善的管理制度和运营机制，能够实现平台的高效运营和优质服务。同时，外国顶尖高校在数字化教育技术方面的研发和应用水平也相对较高，能够不断推动平台的创新和发展。

(3)人才培养差距。在数字化教育人才培养方面，外国顶尖高校也更具优势。他们通常拥有更为完善的人才培养体系和课程设置，能够为学生提供更为系统、全面的数字化教育知识和技能培训。这使得外国顶尖高校在数字化教育平台建设和管理方面拥有更为强大的人才支持。

8.2.2　数字化教育平台建设与管理发展方向浅析

8.2.2.1　国内高校数字化教育发展方向

(1)智能化与个性化是主流。随着人工智能技术的不断发展，未来国内高校数字化教育平台将更加注重智能化和个性化。平台将能够根据学生的学习习惯、兴趣爱好和能力水平，为学生提供个性化的学习资源和教学方案，实现真正意义上的因材施教。

(2)一体化与协同化是目标。高校数字化教育平台将实现校内各部门、各学院之间的数据共享和协同工作，形成一体化的教学管理体系。这将有助于提高教学管理的效率，优化资源配置，提升教学质量。

8.2.2.2　未来具备的特点

（1）自主可控。随着国家对信息安全的重视，未来国内高校数字化教育平台将更加注重自主可控性。数字化教育平台将采用国产化的软硬件设备和技术，确保信息安全和数据安全。

（2）持续创新。面对快速变化的教育需求和技术环境，国内高校将不断探索和创新数字化教育平台的建设和管理模式，以适应时代发展的需要。

（3）数据驱动。未来国内高校数字化教育平台将更加注重数据分析和应用，通过数据驱动教学管理和决策，提高管理的科学性和精准性。

（4）开放共享。随着开放教育资源不断增加，国内高校数字化教育平台将更加注重资源的开放共享，促进优质教育资源的流动和共享。

8.2.2.3　国外高校数字化教育发展方向

（1）全球化与国际化。国外高校数字化教育平台将更加注重全球化和国际化发展，通过国际交流和合作，引进国际先进的教育理念和技术，提升平台的国际竞争力。

（2）技术与教育深度融合。国外高校将更加注重技术与教育的深度融合，通过技术创新推动教育模式的变革和创新，提高教育质量和效率。

8.2.2.4　未来国际高校数字化教育平台建设与管理的特点

（1）开放包容。国外高校数字化教育平台通常具有开放包容的特点，鼓励师生积极参与平台的建设和管理，形成共建共享的良好氛围。

（2）创新引领。国外高校在数字化教育平台建设和管理方面通常具有较强的创新意识和能力，能够引领全球数字化教育的发展潮流。

（3）智能化学习。国外高校数字化教育平台将更加注重智能化学习的发展，通过人工智能技术为学生提供更加精准、个性化的学习服务。

（4）终身学习。随着终身教育理念的普及，国外高校数字化教育平台将更加注重支持终身学习体系的建设和发展，为学习者提供全周期的学习支持和服务。

8.3　数字化教务管理系统的应用

当前我国高校数字化教务管理系统的应用已经相当普及，这种趋势是由多方面原因推动的。本节将重点阐述高校数字化教务管理系统的应用情况，以及与外国同类高校情况的对比，并探讨未来的发展趋势。

我国高校数字化教务管理系统的应用日益普遍。这些系统涵盖了课程管理、学籍管理、成绩管理、教学资源管理等多个方面，极大地方便了学校的教务管理工作。例如，学生可以通过系统进行选课、查课表；教师可以上传课件、录入成绩；教务处可以进行教学计划的管理和统计等。数字化教务管理系统的应用使教务工作更加高效、便捷，并且可以实现信息的及时交流和共享。

我国高校数字化教务管理系统应用的原因是多方面的。首先是信息化建设的需要，随着信息技术的发展，数字化教务管理系统已经成为高校信息化建设的重要组成部分。其次是提高教务工作效率的需求，传统的手工管理方式已经无法满足高校管理的需求，数字化教务管理系统的应用极大提高了教务工作的效率和质量。此外，政府的政策支持也是推动数字化教务管理系统应用的重要原因。

与外国同类高校相比，我国在数字化教务管理系统的应用上并不落后。许多国外高校也已经建立了完善的数字化教务管理系统，用于课程管理、学籍管理、成绩管理等方面。但是，相比之下，一些国外高校在数字化教务管理系统的开发和应用方面可能更加成熟和先进，拥有更多的功能和更好的用户体验。

8.3.1　我国数字化教务管理系统的应用现状

当前我国高校数字化教务管理系统的应用已经相当普及，这种趋势是由多方面原因推动的。与外国同类高校相比，我国在这方面并不落后，但在功能和用户体验方面还有提升空间。未来，数字化教务管理系统的发展将更加智能化和个性化。

8.3.1.1　数字化教务管理系统在高校中的普及程度

当前，我国大部分高校都已经建立了数字化教务管理系统，实现了教学管理的信息化。这些系统涵盖了教学计划管理、课程管理、学生成绩管理、考试管理等多个方面，为师生提供了便捷、高效的服务。数字化教务管理系统的普及，不仅提高了教学管理的效率，还使教学管理更加规范、科学。

8.3.1.2 数字化教务管理系统的主要功能

（1）教学计划管理。数字化教务管理系统能够根据学校的教学计划和课程设置，自动生成课程表，为师生提供课程安排信息。同时，系统还支持教学计划的调整和变更，以满足学校教学需求的变化。

（2）课程管理。数字化教务管理系统支持课程的开设、选课、排课、退课等全过程的信息化管理。教师可以通过系统发布课程信息，学生可以通过系统选课、查看课表等。此外，该系统还支持课程资源的共享和下载，方便师生获取教学资源。

（3）学生成绩管理。数字化教务管理系统能够自动记录学生的考试成绩、平时成绩等信息，并生成成绩报告单。教师可以通过系统录入成绩、查看成绩统计分析结果，学生可以通过系统查看自己的成绩和成绩分析报告。

（4）考试管理。数字化教务管理系统支持在线考试和线下考试的管理。对于在线考试，系统可以实现试题的组卷、发布、考试监控、成绩自动评定等功能；对于线下考试，系统可以协助完成考场安排、监考人员分配、试卷管理等工作。

8.3.1.3 数字化教务管理系统应用的成效

（1）提高管理效率。数字化教务管理系统能够自动处理大量数据和信息，减少了人工操作的烦琐和错误率，提高了管理效率。例如，学生选课、成绩查询等操作都可以通过系统快速完成，极大节省了师生的时间。

（2）优化资源配置。数字化教务管理系统能够根据教学计划和课程设置，自动进行课程表的排定和资源分配，实现资源的优化配置。这有助于减少资源的浪费，提高资源利用效率。

（3）提升服务质量。数字化教务管理系统为师生提供了全面、准确、及时的信息服务，方便师生进行信息查询和操作。同时，系统还支持在线咨询和反馈功能，增强了师生之间的交流和互动。

（4）促进教学改革。数字化教务管理系统能够支持教学改革的实施和推广，如在线教学、混合式教学等新型教学模式的开展。这些教学模式的推广，有助于推动教育教学的创新和发展。

8.3.1.4 数字化教务管理系统应用面临的挑战

尽管数字化教务管理系统在高校中得到了广泛应用，但在实际应用过程中仍面临着一些挑战。例如，系统的稳定性和安全性需要不断加强；系统的功能需要不断完善和优化；教师的信息化素养需要提高等。针对这些挑战，高校需要加强系统的维护和更新工作，提高教师的信息化素养，以确保数字化教务管理系统的有效应用。

可见，数字化教务管理系统在高校教学管理中发挥着越来越重要的作用。随着技术的不断发展和应用需求的不断增长，数字化教务管理系统将继续完善和优化，为高校教学管理提供更加便捷、高效的服务。

8.3.2　数字化教务管理系统的发展趋势

随着科技的飞速进步和教育的深化改革，数字化教务管理系统作为高校教学管理的重要支撑，其未来发展将呈现出新的趋势和特点。

8.3.2.1　数字化教务管理系统的发展趋势

（1）智能化与自动化。未来的数字化教务管理系统将更加智能化和自动化，通过运用人工智能、大数据等先进技术，实现教学管理的自动化决策和智能优化。例如，系统可以自动分析学生的学习情况，为教师提供个性化的教学建议；还可以根据课程需求自动调整教学计划，实现教学资源的优化配置。

（2）移动互联网化。随着移动互联网的普及，未来的数字化教务管理系统将更加注重移动端的开发和应用。师生可以通过手机、平板等移动设备随时随地进行课程查询、选课、成绩查询等操作，实现教学管理的便捷性和实时性。

（3）跨界融合与资源共享。未来的数字化教务管理系统将更加注重与其他系统的跨界融合和资源共享。通过与图书馆、科研系统、就业系统等的互联互通，实现教学资源的共享和互通，为师生提供更加全面丰富的服务。

8.3.2.2　未来数字化教务管理系统的特点

（1）个性化与定制化。未来的数字化教务管理系统将更加注重个性化和定制化服务。系统可以根据师生的不同需求，提供个性化的课程推荐、学习计划制订等服务；还可以根据学校的特色和需求，定制开发符合学校实际情况的教务管理系统。

（2）安全性与稳定性。随着数据量和网络攻击的不断增加，未来的数字化教务管理系统将更加注重安全性和稳定性。系统将采用更加先进的加密技术和防护措施，确保数据的安全性和系统的稳定性；同时，还将建立完善的备份和恢复机制，确保在发生意外情况时能够迅速恢复数据和服务。

（3）用户体验优化。未来的数字化教务管理系统将更加注重用户体验的优化。系统将通过改进界面设计、优化操作流程等方式，提高用户的使用体验；同时，还将建立完善的用户反馈机制，及时收集和处理用户的反馈意见，不断优化系统的功能和性能。

(4)智能化。主要体现在其强大的数据处理和自主决策能力上。系统将利用先进的人工智能技术，实现对海量教育数据的深度挖掘和分析，从而更准确地把握教学趋势，优化资源配置，显著提升教务管理效率。

8.3.2.3 原因分析

(1)技术推动。人工智能、大数据等先进技术的不断发展，为数字化教务管理系统的智能化和自动化提供了有力支持；移动互联网的普及也推动了数字化教务管理系统向移动端的发展。

(2)教育改革需求。随着教育改革的不断深入，高校对教学管理的要求也越来越高。数字化教务管理系统作为教学管理的重要支撑，需要不断适应和满足教育改革的需求。

(3)师生需求变化。随着师生对教学管理服务的需求不断变化，数字化教务管理系统也需要不断适应和满足这些变化。个性化、定制化服务以及用户体验优化等都是满足师生需求的重要方式。

8.4 数字素养对教育管理决策的支持与影响

在数字化时代，教师的数字素养在高校教育管理中扮演的角色越来越重要。教师的数字素养不仅影响着教学质量和效果，也对教育管理决策产生了重要影响。以下将从教育管理中的决策制订与影响，国外高校在这方面的先进管理方式进行阐述。

(1)数字素养影响决策的制订。教师的数字素养对教育管理决策的支持与影响体现在决策制订阶段。具有较高数字素养的教师能够更好地把握当前教育信息化的发展趋势，深入理解和掌握数字化教学资源的开发和利用。他们能够为教育管理者提供更全面和专业的信息建议，协助决策者根据数字化教育的发展需求制订更科学、更实用的管理政策和措施。

(2)数字素养影响决策的实施。教师的数字素养对教育管理决策的支持与影响也体现在决策实施阶段。数字素养高的教师能够熟练运用各种数字化教育工具和平台，更加灵活地开展教学活动，并能够更好地与学生进行互动和沟通。他们能够有效利用数字化教学资源，提高课堂教学效率和质量，从而为教育管理决策的实施提供有力支撑。

（3）数字素养影响决策的评估和调整。教师的数字素养影响管理者的决策评估与调整。数字素养高的教师能够利用各种数据分析工具和技术，对教学过程和教学效果进行科学评估和分析。他们能够及时发现教学中存在的问题和不足，提出改进意见和建议，为教育管理者及时调整和改进管理措施提供参考。

相比之下，国外高校在教师数字素养对教育管理决策的支持与影响方面的管理方式具有一定的先进性。一方面，国外高校注重教师数字素养的培养和提升，通过开展专业培训、组织教学交流等方式，不断提高教师的数字化教育水平和能力。另一方面，国外高校倡导教师与管理者之间的密切沟通与合作，鼓励教师参与教育管理决策的制订和实施，充分发挥其专业优势。

8.4.1　数字素养对教育管理的影响现状

教师的数字素养对教育管理决策具有重要的影响作用。通过提升教师的数字素养水平，加强数字技能和知识的培训和支持，可以促进教育教学模式的创新与发展，为教育管理决策提供更加科学、精准的数据支持。

在我国高校，教师的数字素养对教育管理决策的影响日益显著。随着信息技术的飞速发展，数字素养已成为高校教师必备的核心能力之一，对教育管理决策产生了深远的影响。

首先，教师的数字素养为教育管理决策提供了科学、精准的数据支持。在信息化时代，数据已成为决策的重要依据。高校教师可以通过运用各类数字工具和平台，收集、整理和分析大量的教学数据，为教育管理决策提供准确、全面的信息支持。例如，教师可以通过在线教学平台获取学生的学习行为数据，分析学生的学习习惯和学习效果，从而为教学管理和课程优化提供决策依据。其次，教师的数字素养促进了教育教学模式的创新与发展。具备较高数字素养的教师能够灵活运用信息化教学设备和软件，开展多样化的教学活动，提高教学效果和质量。这不仅有助于激发学生的学习兴趣和积极性，还能够培养学生的数字化学习能力和创新思维。同时，教师数字素养的提升也推动了教育管理模式的创新，如在线教育、远程教育等新型教育模式的出现，为教育管理决策提供了更多的选择。

然而，教师的数字素养对教育管理决策也带来一些挑战。一方面，由于部分教师数字素养水平较低，缺乏必要的数字技能和知识，难以适应信息化教学的需求，导致教育管理决策无法充分发挥其应有的作用。另一方面，高校在数字素养培训和支持方面存在不足，缺乏系统性和针对性的培训课程和资源支持，影响了教师数字素养的提升和应用效果。

为了充分发挥教师的数字素养对教育管理决策的支持与影响，需要采取一系列措施。首先，高校应加强对教师数字素养的培训和支持，提供系统性和针对性的培训课程和资源支持，帮助教师提升数字技能和知识。其次，高校应鼓励教师积极运用数字工具和平台开展教学活动，推动教育教学模式的创新与发展。同时，高校还应建立健全的数据管理机制，确保教学数据的准确性和可靠性，为教育管理决策提供有力的数据支持。目前教师数字素养存在的不足之处有：

（1）教师数字素养培养机制不完善。目前，我国高校在教师数字素养培养方面尚未形成完善的机制。缺乏系统性和针对性的培训课程和资源支持，导致教师数字素养的提升受到一定限制。

（2）数字化教学资源不足。尽管我国在教育信息化方面取得了显著成效，但仍然存在数字化教学资源不足的问题。部分高校因经费、技术等原因，难以购置先进的信息化教学设备和软件，导致教师在教学过程中缺乏必要的技术支持。

（3）教师对数字素养的重视程度不够。一些教师对数字素养的重要性和必要性认识不足，缺乏主动学习和提升数字素养的意识。这在一定程度上影响了教师数字素养的提升和应用效果。

8.4.2 名校教师素养对决策的支持与影响简析

在国际知名高校中，教师的数字素养对教育管理决策的支持与影响方面上，许多顶尖学府展现出了卓越的领导力和创新性。他们通过提供前沿的数字技能培训、丰富的数字化教学资源、数据驱动的教育管理、开放共享的数字文化以及持续的创新和研发等措施，为教育管理决策提供了有力支持，推动了教育事业的持续发展。在以下几方面做到了业界领先：

8.4.2.1 前沿的数字技能培训

国际知名高校非常重视教师的数字技能培训，他们不仅提供基础的信息技术课程，还涵盖了数据分析、在线课程设计、人工智能辅助教学等前沿领域技能培训。这种培训通常具有高度的系统性和针对性，旨在帮助教师快速掌握并应用最新的数字技术，从而提升教学效果和决策质量。

8.4.2.2 丰富的数字化教学资源

国际知名高校通常拥有庞大的数字化教学资源库，包括在线课程、教学软件、电子图书、数据库等。这些资源不仅丰富了教学内容，还为教师提供了大量的数据支持，使教育管理决策更加科学、精准。此外，这些高校还鼓励教师自行开发数字化教学资源，进一步丰富了教学资源库。

8.4.2.3 数据驱动的教育管理

在国际知名高校中，数据驱动的教育管理已经成为一种常态。通过收集、整理和分析学生的学习行为、课程评价等数据，高校能够全面了解教学情况，为教育管理决策提供有力支持。同时，这些数据还能够帮助教师更好地了解学生的学习需求和兴趣，从而优化教学策略和课程设计。

8.4.2.4　开放共享的数字文化

国际知名高校通常倡导开放、共享的数字文化，鼓励教师之间、师生之间、学校之间分享数字资源和经验。这种文化不仅促进了知识的传播和共享，还激发了教师的创新精神和合作意识。在这种环境下，教师的数字素养得到了快速提升，教育管理决策也更加科学、民主。

8.4.2.5　持续的创新和研发

国际知名高校通常具有强大的研发实力和创新能力，他们不断探索新的数字技术在教育领域的应用。通过研发新的教学工具、平台和模式，这些高校为教师提供了更多的支持和帮助，使教育管理决策更加先进、有效。同时，这些创新成果也为其他高校提供了有益的借鉴和参考。

8.4.2.6　国外高校优秀案例

以美国哈佛大学为例，该校在教师数字素养培养方面采取了多项有效措施。首先，哈佛大学建立了完善的教师培训机制，为教师提供系统性和针对性的数字化教学能力培训课程；其次，该校投入大量资金购置先进的信息化教学设备和软件，为教师提供丰富、多样的数字化教学资源；最后，哈佛大学还鼓励教师利用数字化手段开展教学和科研活动，并为教师提供必要的支持和帮助。这些措施的实施有效地提升了该校教师的数字素养水平，为教育管理决策提供了有力支持。

第 9 章　高校教师数字素养发展的未来展望

随着人工智能、大数据、云计算等新技术的高速发展，教育领域正迎来前所未有的变革。对高校教师而言，数字素养不仅是对新技术的掌握和应用，更是对教育理念、教学方法的深刻理解和创新。新技术带来的挑战主要体现在如何将这些技术有效融入教学过程，如何利用数据驱动教学决策，以及如何在保证教学质量的同时，实现个性化、精准化的教学。

这些挑战启示我们，高校教师数字素养的发展应紧跟时代步伐，不断更新教育理念，掌握新技术，并将其转化为提高教学质量、促进学生全面发展的有效工具。同时，教师还需要具备数据意识和数据能力，能够利用数据分析和挖掘技术发现教学中的问题，优化教学策略。

在培养教师的数字素养方面，高校需要创新培养模式，注重理论与实践相结合。一方面，可以通过组织专家讲座、研讨会等形式，向教师传授新技术、新理念；另一方面，可以建立数字素养实践平台，鼓励教师将所学应用到实际教学中，通过实践提升教师数字素养。

此外，高校还可以与企业合作，共同制订和实施人才培养方案。企业可以为教师提供实践机会，让教师深入了解行业前沿技术和应用案例；同时，企业也可以为高校提供教学资源和技术支持，共同推动教育教学的数字化转型。

在提升教师数字素养的过程中，教师素质培养模式的创新与实践至关重要。高校需要树立“双师型”教师队伍建设的理念，即教师既要具备扎实的专业理论知识，又要具备丰富的实践经验和数字技能。为此，高校可以采取以下措施：

(1)加强教师职前培训。在招聘新教师时，除了考察其专业背景和理论水平外，还应注重对其数字技能和实践经验的考察。对于新入职的教师，高校可以组织专门的数字技能培训和实践锻炼，帮助其快速适应数字化教学环境。

(2)实施定期培训和考核。对于在职教师，高校可以定期组织数字技能培训和实践考核，鼓励教师不断更新知识结构和技能水平。同时，可以设立数字素养认证制度，将数字素养作为教师晋升和评价的重要指标之一。

（3）引入外部资源。积极聘请行业、企业和社会上有丰富实践管理经验的专家或专业技术人员作为兼职教师或导师，为高校教师提供实践指导和经验分享。

针对未来高校教师数字素养的发展，提出以下策略与建议：加强政策引导和支持、构建数字化教学资源共享平台、开展在线教学和远程协作等教学活动、鼓励教师参与科研项目和实践活动、设立科研项目和实践活动奖励机制、加强国际交流与合作等，推动高校教师数字素养的国际化发展。

9.1　数字化教育发展趋势与高校教师数字素养需求

数字化教育发展趋势与高校教师数字素养需求共同决定了高校教师数字素养的未来发展方向。未来，高校教师需要不断提高自己的数字素养，以适应数字化教育的发展要求。同时，政府、学校和社会各界也需要共同努力，为高校教师提供数字化教育培训和资源支持。

随着科技的快速发展，数字化教育已经成为全球教育领域的重要趋势。数字化教育以其独特的优势，如个性化教学、实时互动、资源共享等，正在逐步改变传统的教育模式。而高校教师作为数字化教育的重要参与者，其数字素养的高低直接影响数字化教育的质量和效果。因此，数字化教育发展趋势与高校教师数字素养需求共同决定了数字化教育的未来发展方向。

（1）未来发展方向。①技术深度融合。未来，数字化教育将更加注重技术与教学的深度融合。高校教师不仅需要掌握基本的数字技术，还需要具备将技术应用于教学的能力。这要求高校教师不断更新自己的知识体系，学习新的教学理念和教学方法，以适应数字化教育的发展。②跨学科融合。数字化教育打破了传统学科的界限，促进了跨学科知识的融合。高校教师需要具备跨学科的知识背景和思维方式，能够运用多种学科知识解决教学中的问题，这有助于培养学生的综合素质和创新能力。③个性化教学。数字化教育强调个性化教学，注重学生的个体差异和需求。高校教师需要根据学生的特点和需求，制订个性化的教学计划和教学策略。这需要高校教师具备较强的数据分析和应用能力，能够根据学生的学习数据及时调整教学方案。

（2）未来发展的特点。①全面性。未来高校教师的数字素养将更加全面，不仅包括技术层面的掌握，还包括教学理念、教学方法、跨学科知识等方面的素养。②动态性。随着数字化教育的不断发展，高校教师的数字素养也需要不断更新和提升。教师需要不断学习和实践，以适应数字化教育的新要求。③创新性。在数字化教育的推动下，高校教师需要具备创新意识和创新能力，能够探索新的教学模式和教学方法，提高教学质量和效果。

（3）原因简析。①教育变革的需求。数字化教育的发展推动了教育变革的深入进行。为了适应教育变革的要求，高校教师需要不断提高自己的数字素养。②人才培养的需要。随着信息技术的不断发展，社会对人才的需求也在不断变化。高校教师需要具备更高的数字素养，以培养出符合社会需求的高素质人才。③技术发展的推动。新技术的不断涌现为数字化教育提供了更多的可能性。高校教师需要不断学习和掌握新技术，以更好地应用于教学中。

（4）面临的挑战。①技术更新迅速。数字化技术的发展速度日益加快，新技术不断涌现。高校教师需要不断更新自己的知识体系，以适应技术的快速发展。②资源分配不均。不同地区、不同学校之间的数字化教育资源分配存在差异。一些地区和学校可能缺乏必要的数字化教育设备和资源，这将影响高校教师的数字素养提升。③教师培训不足。目前，高校针对教师的数字化教育培训仍存在不足。一些教师可能缺乏必要的数字技能和知识，难以适应数字化教育的要求。

9.1.1　数字化教育发展趋势展望及简析

在数字化教育已成为教育领域的重要趋势的背景下，高校作为培养高素质人才的重要基地，其数字化教育的发展趋势备受关注。而高校教师作为数字化教育的关键因素，其数字素养的高低直接关系数字化教育的质量。从教师群体的数字素养现状出发，我们可以展望高校数字化教育的发展趋势。随着数字化技术的不断发展和应用，高校数字化教育将迎来更加广阔的发展空间和更加美好的未来。

9.1.1.1　高校教师数字素养现状

当前，高校教师群体的数字素养呈现出参差不齐的特点。一方面，部分教师具备较高的数字素养，能够熟练运用各种数字化工具进行教学和科研，为数字化教育的发展提供了有力支持。另一方面，也有部分教师数字素养相对较低，对新技术、新应用的掌握不够熟练，难以适应数字化教育的要求。这种现状在一定程度上制约了高校数字化教育的发展。

造成这种现状的原因主要有以下三个方面：一是部分教师年龄较大，对新技术的接受能力和适应能力相对较弱；二是部分学校对教师的数字化培训不够重视，缺乏必要的培训和支持；三是部分教师对数字化教育的认识不够深入，缺乏主动学习和应用的意识。

9.1.1.2 高校数字化教育发展趋势展望

(1)数字化教学资源日益丰富。随着数字化技术的不断发展，高校数字化教学资源将日益丰富。这些资源不仅包括数字化的教材、课件、案例等教学资料，还包括各种在线课程、虚拟实验室、数字博物馆等教学平台。这些资源的丰富性将为教师提供更多的教学选择，同时也将为学生提供多样化、个性化的学习体验。

(2)教师数字素养要求不断提高。随着数字化教育的深入发展，对高校教师的数字素养要求也将不断提高。未来，高校教师需要具备更加全面的数字素养，包括信息获取与处理、教学资源开发与应用、在线教学与互动等方面的能力。这将促使高校教师不断提升自己的数字素养，以适应数字化教育的发展要求。

(3)数字化教学模式不断创新。数字化教育的发展将推动教学模式的不断创新。未来，高校将更加注重以学生为中心的教学模式，通过数字技术实现个性化教学、翻转课堂等新型教学模式的尝试和应用。这些创新的教学模式将有助于提高学生的学习兴趣和参与度，促进教育教学质量和效果的提升。

9.1.2 国际名校的领先之处及值得借鉴之处

国际名校在数字化教育方面的领先之处主要体现在其先进的教育理念、完善的教师培训机制和优质的教育资源上。这些优势为数字化教育的发展提供了有力支持。国内高校可以借鉴国际名校的成功经验，加强数字化教育的建设和发展，提高教育质量和效果。

9.1.2.1 国际名校数字化教育的领先之处

在数字化教育的浪潮中，国际名校凭借其先进的教育理念、丰富的教育资源和卓越的教师队伍，一直处于领先地位。这些名校广泛运用数字技术优化教学流程，提升教学质量，为学生创造了更加个性化、高效、互动的学习环境。

9.1.2.2 高校教师数字素养对数字化教育的促进与提升

在国际名校，教师的数字素养是推动数字化教育发展的关键因素。数字素养高的教师能够熟练运用各种数字化工具进行教学，如在线教学平台、虚拟实验室、大数据分析等，使教学更加生动、直观和高效。同时，他们还能利用数字技术收集学生的学习数据，进行个性化教学，满足不同学生的学习需求。

此外，高校教师的数字素养还能促进教育资源的共享和优化。通过数字化平台，教师可以轻松获取全球优质教育资源，实现教育资源的共享和互补。同时，他们还能利用数字技术对教育资源进行优化整合，提高教育资源的利用效率和教学效果。

9.1.2.3　成因分析

国际名校在数字化教育方面取得领先地位并非偶然，其背后有着多方面的原因。首先，这些名校具备先进的教育理念和教育技术，能够准确把握数字化教育的发展趋势。其次，这些名校拥有优秀的教师队伍和丰富的教育资源，能够为数字化教育提供有力保障。最后，这些名校注重实践和创新，不断探索新的教学模式和教学方法，为数字化教育的发展注入了新的活力。

9.1.2.4　国际名校值得国内借鉴的方面

（1）教育理念的创新。国际名校注重培养学生的创新能力和实践能力，倡导以学生为中心的教育理念。国内高校可以借鉴这种理念，将数字化教育作为提高学生综合素质和创新能力的重要途径。

（2）教师培训机制的完善。国际名校注重教师的专业发展，建立了完善的教师培训机制。国内高校可以借鉴这种机制，加强对教师的数字化培训，提高教师的数字素养和教学能力。

（3）教育资源的整合与共享。国际名校通过数字化平台实现了教育资源的全球共享和优化整合。国内高校可以借鉴这种做法，加强与国际名校的合作与交流，共同推动教育资源的共享和优化。

9.2　新技术、新理念对教师数字素养的挑战与启示

当前，随着信息技术和人工智能技术的不断发展，新技术和新理念对高校教师数字素养提出了新的要求和挑战，教育领域正经历着前所未有的变革。高校作为人才培养和知识创新的重要基地，其教师数字素养的高低直接关系到教育质量以及科研能力的高低。在这样的背景下，新技术、新理念对高校教师数字素养提出了新的要求和挑战。

高校教师需要树立终身学习的理念，培养创新精神和能力，注重数据驱动的教学管理，以适应教育领域的变革和发展。高校也需要加强对教师的培训和支持，

为教师提供必要的学习资源和平台，帮助他们不断提升自己的数字素养和教学能力。

（1）新技术对高校教师数字素养的挑战。①技术更新、迭代速度的挑战。信息技术日新月异，新技术的不断涌现要求高校教师必须不断学习和掌握最新的数字技术和应用。然而，对许多教师来说，他们可能面临着技术更新速度过快、难以跟上技术更迭的困境。这不仅要求他们具备快速学习和适应新技术的能力，还需要他们具备持续学习和自我更新的意识。②教学模式创新的挑战。人工智能等新技术为教学模式的创新提供了更多可能性。然而，如何将这些新技术有效地融入教学，创新教学模式，改善教学效果，对高校教师来说是一个巨大的挑战。他们需要不断探索和尝试新的教学方法和工具，同时还需要关注学生的个性化需求和学习特点，为学生提供更加优质的教学服务。③数据驱动的教学管理的挑战。在数字化时代，数据已经成为教学管理中不可或缺的一部分。然而，如何收集、分析和利用这些数据，为教学管理提供决策支持，对高校教师来说也是一个挑战。他们需要具备数据处理和分析的能力，能够运用数据来评估教学效果、优化教学资源配置、提高教学管理水平。

（2）新理念对高校教师数字素养的启示。①树立终身学习的理念。在信息技术日新月异的时代，终身学习的理念对高校教师来说尤为重要。他们需要不断学习和掌握最新的数字技术和应用，以适应教育领域的变革和发展。同时，他们还需要关注教育领域的新理念和新趋势，不断更新自己的教育观念和教学方法。②培养创新精神和能力。新技术和新理念的出现为教学模式的创新提供了更多可能。高校教师需要具备创新精神和能力，勇于探索和尝试新的教学方法和工具，以提高教学效果和满足学生的个性化需求。同时，他们还需要关注学生的创新精神和创新能力的培养，为学生的未来发展打下坚实的基础。③注重数据驱动的教学管理。在数字化时代，数据已经成为教学管理中不可或缺的一部分。高校教师需要注重数据驱动的教学管理，运用数据来评估教学效果、优化教学资源配置、提高教学管理水平。这不仅可以帮助他们更好地了解学生的学习情况和学习需求，还可以为他们提供决策支持，推动教学管理向科学化、精细化的方向发展。

9.2.1 新技术、新理念对教师数字素养的影响

随着信息技术的飞速发展，尤其是大数据、人工智能等新技术的出现，教育领域正经历着深刻的变革。在这样的背景下，高校教师作为知识传播和创新的主体，其数字素养的提升显得尤为重要。新技术、新理念对我国高校教师数字素养的影响是复杂而深远的。为了提升教师的数字素养，需要学校、教师和社会各方面的共同努力。

9.2.1.1　新技术、新理念对教师数字素养影响的现状

(1)数字素养水平参差不齐。我国高校教师的数字素养水平存在较大的差异。一些年轻教师具有较强的信息技术应用能力，能够熟练运用各种教学软件和工具；而一些老教师则由于年龄、技术基础等原因，对新技术、新理念的接受程度较低，数字素养水平也相对较低。

(2)新技术在教学中的应用程度不一。虽然新技术为教学提供了更多的可能性，但在实际教学中，不同教师对新技术的应用程度存在较大差异。一些教师能够积极尝试将新技术融入教学，创新教学方式，提高教学效果；而另一些教师则由于缺乏相应的技术基础或教学经验，对新技术的应用较为保守。

(3)新理念在教学中的渗透程度有限。新理念对于提高教师的教学水平和促进学生的全面发展具有重要意义。然而，在实际教学中，新理念的渗透程度有限。一些教师虽然了解新理念，但在具体的教学实践中难以将其有效运用；而另一些教师则由于长期受传统教学理念的影响，对新理念的接受程度较低。

9.2.1.2　新技术、新理念与教师数字素养的关系简析

新技术、新理念与教师数字素养之间存在密切的关系。一方面，新技术的发展为教师提供了更丰富的教学工具和方法，有助于提升教师的数字素养；另一方面，新理念也对教师的数字素养提出了更高的要求，推动教师不断学习和掌握新技术、新理念。

9.2.1.3　现状成因简析

(1)技术基础和教育背景的差异。不同教师的技术基础和教育背景存在差异，导致他们在接受新技术、新理念方面存在不同的难度和速度。

(2)学校支持和培训力度的不同。不同学校对教师数字素养提升的重视程度和支持力度不同，一些学校能够为教师提供充足的培训和学习资源，而另一些学校则缺乏相应的支持。

(3)教师自身的学习态度和动力。教师自身的学习态度和动力也是影响数字素养提升的重要因素。一些教师能够积极学习和掌握新技术、新理念，而另一些教师则缺乏相应的学习动力和兴趣。

9.2.2　未来发展方向

高校教师数字素养的提升已成为推动教育和人才培养发展的关键因素。在这一过程中，新技术、新理念的涌现为提升教师数字素养提供了有力支持，同时也促进了教育和人才培养的创新发展。

9.2.2.1 新技术催生出的变化

（1）人工智能辅助教学。人工智能技术为教师提供了强大的教学辅助工具。例如，智能教学系统可以根据学生的学习情况为学生提供个性化的学习建议，智能评估系统可以实时分析学生的学习进度和效果，为教师提供有针对性的教学反馈。这些技术不仅提高了教师的教学效率，也增强了学生的学习体验。

（2）大数据分析。大数据技术为教育数据的收集、分析和利用提供了便利。教师可以通过数据分析工具，深入了解学生的学习行为、兴趣和需求，从而优化教学策略和方法。同时，大数据分析还可以帮助教师评估教学效果，为改进教学方法提供依据。

（3）虚拟现实与增强现实技术。这些技术为教学提供了更加直观、生动的教学环境。教师可以通过虚拟现实技术创建虚拟实验室、虚拟课堂等场景，让学生在模拟环境中进行实践操作和探究学习。增强现实技术则可以将虚拟信息与现实环境相结合，为学生提供更加丰富的学习体验。

9.2.2.2 新理念催生出的变化

（1）以学生为中心的教学理念。随着教育理念的更新，以学生为中心的教学理念逐渐深入人心。这一理念强调以学生的需求和兴趣为导向，注重培养学生的自主学习能力和创新精神。为了实现这一理念，教师需要具备更高的数字素养，运用新技术为学生提供更加个性化、多样化的学习资源和学习方式。

（2）终身学习的教育观念。终身学习已成为现代社会的重要趋势。为了适应这一趋势，教师需要树立终身学习的观念，不断提升自己的数字素养和专业能力。同时，教师还需要引导学生树立终身学习的观念，培养他们的自主学习能力和终身学习的习惯。

（3）跨界融合的教育模式。随着信息技术的不断发展，跨界融合已成为教育领域的重要趋势。教师需要具备跨界融合的思维和能力，能够与其他领域的专业人士进行交流和合作，共同推动教育的创新和发展。这种教育模式不仅有助于培养学生的综合素质和创新能力，也有助于推动教育的多元化和国际化发展。

9.2.2.3 新技术、新理念促进教育和人才培养发展

（1）提高教学效率和质量。新技术、新理念的应用可以帮助教师提高教学效率和质量，为学生提供更加优质的教学资源和学习体验。同时，这些技术和理念还有助于教师更好地了解学生的学习情况和需求，为教学改进提供依据。

（2）提高学生的创新能力和综合素质。新技术、新理念的应用可以为学生提供更加丰富多样的学习资源和学习方式，有助于提高学生的创新能力和综合素质。

这些能力和素质对于学生未来的职业发展和个人成长具有重要意义。

(3)推动教育的创新和发展。新技术、新理念的应用可以推动教育的创新和发展，为教育领域注入新的活力和动力。这些技术和理念不仅有助于解决传统教育中的问题和挑战，而且有助于推动教育的多元化和国际化发展。

9.3　高校教师数字素养培养模式的创新与实践

高校教师作为知识传播和创新的主体，其数字素养的高低直接关系到教育质量和人才培养的效果。因此，高校教师数字素养的培养显得尤为重要。

高校教师数字素养培养模式的创新与实践是推动教育和人才培养发展的重要途径。通过理念创新、课程内容创新、培训方式创新和评价体系创新等措施，可以有效提升教师的数字素养，促进教育教学的创新和发展。未来，随着信息技术的不断进步和教育领域的深入变革，高校教师数字素养培养模式还需要不断完善和优化，以适应新时代的教育需求和发展趋势。

(1)高校教师数字素养培养模式的创新。①理念创新。树立“以学生为中心”的教育理念，强调教师数字素养与学生发展需求的紧密联系。将数字素养培养融入教师职业生涯规划，使教师充分认识到数字素养对于个人职业发展和教育教学的重要性。②课程内容创新。针对高校教师的专业特点和发展需求，设计涵盖信息技术基础、数字教学资源开发与应用、在线教学与互动、数据分析与利用等内容的课程体系。同时，注重课程内容的前沿性和实用性，使教师能够掌握最新的数字技术和理念。③培训方式创新。采用线上线下相结合的培训方式，充分利用网络资源和技术手段，为教师提供灵活多样的学习途径。通过案例分析、实践操作、团队协作等方式，激发教师的学习兴趣和动力，提高培训效果。④评价体系创新。建立科学完善的评价体系，对教师的数字素养进行全面、客观的评价。注重过程性评价和结果性评价的结合，关注教师的数字技能提升、教学实践应用和创新能力发展等。同时，将评价结果作为教师职称评定、评优评先的重要依据，激发教师提升数字素养的积极性和主动性。

(2)高校教师数字素养培养模式的实践。①搭建数字化学习平台。建设数字化学习平台，为教师提供丰富的在线学习资源和广阔的互动交流空间。通过平台，教师可以随时随地进行学习、交流和分享，提高学习效率和质量。同时，平台还可以为教师提供个性化的学习建议和资源推荐，满足不同教师的需求。②开展数字化教学实践。鼓励教师将数字素养培养融入教学实践，探索新的教学模式和方法。例如，利用虚拟仿真技术开展实验教学，利用在线教学平台开展远程教学等。这些教学实践不仅有助于提升教师的数字技能，还可以丰富学生的学习体验，改善教学效果。③设立数字素养研究项目。支持教师开展数字素养相关的研究项目，鼓励教师将研究成果应用于教学实践和课程建设中。通过研究项目，教师可以深入了解数字素养的最新发展趋势和前沿技术，提升研究能力和创新能力。同时，研究成果的推广和应用也可以为其他教师提供有益的借鉴和参考。④建立激励机制。建立激励机制，对在数字素养培养方面表现突出的教师给予表彰和奖励。通过评选优秀数字教师、优秀数字课程等方式，激发教师提升数字素养的热情和动力。同时，学校还可以为教师提供必要的培训和支持，帮助教师克服数字素养提升过程中的困难和挑战。

9.3.1 我国当前高校教师数字素养培养模式现状

在数字化、人工智能时代，高校教师数字素养的提升对于提高教育质量和推动教育信息化至关重要。本小节将探讨当前我国高校教师数字素养培养模式的特点，同时分析国外高校在此方面的做法与优势，以期为我国高校教师数字素养的培养提供借鉴和启示。

9.3.1.1 我国高校教师数字素养培养模式现状

当前，我国高校教师数字素养培养模式主要围绕以下几个方面展开：

（1）课程设置。高校普遍开设了信息技术相关课程，旨在提高教师的信息技术应用能力。这些课程包括计算机基础、多媒体技术应用、网络教学资源开发等，旨在使教师掌握基本的数字技能和工具。

（2）培训项目。各级教育部门和高校组织了多种形式的数字素养培训项目，如在线教育技术培训、数字化教学资源建设培训等。这些培训项目旨在提高教师的数字技术应用能力和教学设计能力。

（3）实践应用。高校鼓励教师将数字技能应用于教学实践，如开展在线教学、利用数字教学资源辅助教学等。通过实践应用，教师可以不断提高自己的数字素养和教学水平。

然而，当前我国高校教师数字素养培养模式仍存在一些问题，如培训内容与实际需求脱节、培训方式单一、缺乏有效的激励机制等。

9.3.1.2 国外名校领先模式与优势

模式情况：

(1)多元化培训方式。国外高校注重采用多元化的培训方式，如线上课程、工作坊、研讨会等，以满足不同教师的需求和学习风格。

(2)跨学科合作。国外高校鼓励跨学科合作，将数字素养培养与其他学科相结合，形成综合性的课程体系。这有助于教师将数字技能应用于其他领域，改善教学效果。

(3)实践导向。国外高校注重实践导向的培训模式，鼓励教师在实践中学习和应用数字技能。通过实践项目、案例研究等方式，教师可以深入了解数字技能在教学中的应用方法和效果。

优势简析：

(1)注重个性化学习。国外高校注重个性化学习，根据教师的兴趣、需求和学习风格制订个性化的培训计划，提高培训效果。

(2)强调创新应用。国外高校鼓励教师将数字技能应用于教学实践和科研工作中，推动教学和科研的创新发展。这种创新应用有助于提高教师的专业素养和综合能力。

(3)形成完善体系。国外高校在数字素养培养方面形成了较为完善的体系，包括课程设置、培训项目、实践应用等方面。这种完善的体系有助于教师系统地掌握数字技能和知识，提高数字素养水平。

我国高校教师数字素养培养模式在取得一定成果的同时，仍存在一些问题和不足。通过借鉴国外高校的模式和优势，我们可以进一步完善我国高校教师数字素养培养模式，提高教师的数字素养水平，推动教育信息化的深入发展。

9.3.2 教师数字素养培养未来发展

数字素养已经成为高校教师必备的基本素质之一。为了适应这一变化，我国高校教师数字素养培养模式也在不断创新与发展。本小节将详细论述高校教师数字素养培养模式的创新点、发展方向、实践路径以及对高等教育未来发展的积极影响。

9.3.2.1 高校教师数字素养培养模式的创新

(1)课程内容创新。在数字素养培养课程中，增加数据分析、人工智能、云计算等前沿技术的介绍和应用，使教师能够紧跟技术发展的步伐，掌握最新的数字技能。

(2)培训方式创新。采用线上线下相结合的混合式教学模式，使教师能够灵活安排学习时间，提高学习效率。同时，引入项目式学习、案例研究等教学方法，使教师在实践中提升数字技能。

（3）评价体系创新。建立多维度的评价体系，除了传统的笔试和作业评价外，还增加了实践应用、团队合作、创新能力等方面的评价，全面评估教师的数字素养水平。

9.3.2.2 高校教师数字素养培养模式的发展方向

（1）跨学科融合。未来的数字素养培养将更加注重跨学科的融合，使教师能够综合运用不同学科的知识和技能，解决复杂的教学问题和研究问题。

（2）国际化视野。随着全球化的深入发展，高校教师的数字素养培养也将更加注重国际化视野的培养，以便教师能够了解国际前沿技术和教育理念，提升国际竞争力。

（3）终身学习理念。数字技术的发展日新月异，高校教师的数字素养培养将更加注重终身学习的理念，鼓励教师持续学习、不断更新知识和技能。

9.3.2.3 高校教师数字素养培养模式的实践路径和方式

（1）加强师资培训。通过举办各类数字素养培训班、研讨会等活动，提升教师的数字技能和教学能力。同时，鼓励教师参加国际学术会议和交流活动，拓宽国际视野。

（2）搭建实践平台。建立数字化教学实践平台，为教师提供丰富的数字资源和教学工具。鼓励教师利用平台开展在线教学、混合式教学等创新实践，提升教学效果。

（3）建立激励机制。将教师的数字素养纳入职称评定、评优评先等考核体系，激发教师提升数字素养的积极性。同时，为优秀教师提供奖励，鼓励其在教学和科研中取得更多成果。

9.3.2.4 培养模式的创新对高等教育未来发展的积极影响

（1）推动教育信息化进程。高校教师数字素养的提升将有力推动教育信息化进程，促进教育资源的共享和优化配置。同时，数字技术的应用将改变传统的教学模式和方法，提高教学效果和质量。

（2）培养创新人才。具备较高数字素养的教师能够更好地运用数字技术进行教学和科研活动，从而培养学生的创新能力和实践能力。这将有助于培养具有创新精神和实践能力的高素质人才。

（3）促进教育国际化。高校教师数字素养的提升将促进教育的国际化进程，加强与国际先进教育机构的交流与合作。这将有助于提升我国高等教育的国际竞争力和影响力。

总之，高校教师数字素养培养模式的创新、发展方向和实践将对高等教育的未来发展产生积极影响。因此，我们应该进一步加强这方面的探索和研究，不断提升高校教师的数字素养水平。

9.4　未来高校教师数字素养发展的策略与建议

当前我国高校教师在数字素养方面与国外名校相比，尤其是美国顶尖高校还有一定差距，仍存在许多问题，如技术水平参差不齐、应用能力有限、国际化程度不高等。同时，我们也应认识到数字素养发展是一个长期的过程，需要高校、教师、社会等多方面的共同努力和持续投入。

（1）我国高校教师数字素养现状分析。①技术水平参差不齐。由于不同学科、不同背景的教师对数字技术的掌握程度不同，导致我国高校教师整体技术水平参差不齐。部分教师能够熟练运用数字技术进行教学和科研，而部分教师则相对落后。②应用能力有限。尽管许多教师具备了一定的数字技术基础，但在实际应用中仍存在困难。如在线教学平台的使用、数字化资源的开发与利用等方面，高校教师仍需进一步加强。③缺乏系统培训。目前，针对高校教师的数字素养培训尚未形成系统体系，培训内容、方式、时间等方面仍需进一步完善。④学习积极性不高。由于教师职业特点和我国高等教育管理体制问题，很多中青年教师忙于生计而忽略了新知识、新技术的学习。由于短时间内看不到收益和成效，导致教师群体学习数字技术的积极性不高。

（2）未来高校教师数字素养发展的策略。①建立健全培训体系。高校应建立完善的数字素养培训体系，针对不同学科、不同背景的教师制订个性化的培训计划。培训内容应涵盖数字技术基础、应用技能、创新能力等方面，同时注重实践应用和团队协作。②加强跨学科合作。鼓励教师跨学科合作，共同开发数字化教学资源，推动不同学科之间的知识共享和融合。通过跨学科合作，教师可以互相学习、互相借鉴，共同提升数字素养水平。③强化激励机制。高校应建立完善的激励机制，对在数字素养方面表现突出的教师给予表彰和奖励。同时，将数字素养作为教师职称评定、评优评先的重要指标之一，激发教师提升数字素养的积极性和主动性。④引入外部资源。积极引入外部资源，如与企业、科研机构等共同开展数字素养培训和实践活动。通过外部资源的引入，教师可以接触到更多的前沿技术和理念，拓宽视野，提升能力。⑤淘汰末位落后。在强化激励机制的同时，要注重对学习新技能、新技艺排名末位，或数字素养落后的教师实行淘汰机制，以此激励对数字素养学习不积极的教师从主观上发生改变，主动投入学习中。

（3）未来高校教师数字素养发展的建议。①加强顶层设计。高校应加强对数字素养发展的顶层设计，明确发展目标、任务、措施等。同时，建立专门的数字素养发展委员会或工作小组，负责具体工作的推进和协调。②注重实践应用。在数字素养培训中，应注重实践应用环节的设置。通过实践操作、案例分析等方式，使教师能够真正掌握数字技术的应用方法和技巧，提高教学效果和科研水平。③鼓励创新探索。鼓励教师积极探索数字技术与教育教学的深度融合，尝试新的教学模式和方法。同时，加强与国际先进教育机构的交流与合作，不断提升我国高等教育的国际竞争力。④建立长效机制。高校应建立数字素养发展的长效机制，确保数字素养培养工作的持续性和稳定性。通过定期评估、反馈调整等方式，不断优化培训体系、提高培训质量。

总之，未来高校教师数字素养的发展对于提升高等教育质量、推动教育信息化进程具有重要意义。结合我国高校现状，制订有针对性的发展策略与建议、加强培训体系建设、鼓励跨学科合作、强化激励机制、引入外部资源等，将有助于提升高校教师的数字素养水平，为高等教育的发展注入新的活力。

9.4.1 未来教师数字素养发展应该执行的策略

高校教师的数字素养已成为影响教学、科研以及创新能力的重要因素。为了提高高校教师的数字素养，促进高等教育发展，未来高校需要制订一系列的策略和长远计划，特别是从管理体制、激励制度、跨学科合作以及引入外部资源等方面入手。

9.4.1.1 优化管理体制

优化高校的管理体制，能够为提升教师数字素养提供制度保障。高校应建立专门的数字素养提升管理部门，负责统筹规划、协调推进教师数字素养的培养工作。同时，该部门还应定期评估教师数字素养水平，并根据评估结果调整培训计划，确保培训内容的针对性和实效性。

9.4.1.2 完善激励制度

完善激励制度对于激发教师提升数字素养的积极性至关重要。高校应将数字素养纳入教师职称评定、评优评先、绩效考核等体系中，使教师在提升数字素养的同时，也能获得相应的物质和精神奖励。此外，高校还可以设立数字素养提升专项基金，为教师提供必要的经费支持，鼓励其参与各类数字素养培训、研讨会等活动。

9.4.1.3　加强跨学科合作

跨学科合作是提高教师数字素养的重要途径。高校应鼓励不同学科的教师加强交流与合作，共同开发数字化教学资源、探讨数字化教学方法。通过跨学科合作，教师可以互相学习、互相借鉴，共同提升数字素养水平。同时，高校还可以建立跨学科研究团队，整合校内外资源，开展数字素养相关的课题研究，推动数字素养研究的深入发展。

9.4.1.4　引入外部资源

引入外部资源是提升教师数字素养的有效途径。高校应积极与企业、科研机构等外部单位合作，共同开展数字素养培训等实践活动。通过引入外部资源，教师可以接触到更多的前沿技术和理念，拓宽视野、提升能力。同时，高校还可以邀请业界专家、学者来校授课、指导实践，为教师提供宝贵的学习机会。

提升高校教师数字素养是一项长期而艰巨的任务，是促进高等教育的系统性工程。未来，高校应制订切实可行的策略和长远计划，有效提升高校教师的数字素养水平，为高等教育的发展注入新的活力。

9.4.2　提升高校教师数字素养发展的建议

为了培养和提高高校教师的数字素养，以满足高等教育发展、培育综合人才的需要，高校应结合实际，参考国际先进做法和管理体制，制订并执行一系列切实可行、科学合理、易于管理的策略。以下基于对高校教师素养和社会需求的分析，对未来提升高校教师数字素养提出几点具体建议。

9.4.2.1　设立专项基金与明确资金渠道

为了确保数字素养培养活动的顺利进行，高校应设立专项基金，并明确资金来源和使用方式。这些资金可以用于购买先进的数字设备和软件、支付培训费用、支持数字资源的开发和利用等。同时，高校应建立严格的资金管理制度，确保资金的合理使用。

9.4.2.2　构建完善的培训体系

（1）制订个性化培训计划。根据教师的学科背景、技术水平和教学需求，制订个性化的培训计划。培训内容应涵盖数字技术基础、应用技能、创新能力等方面，以满足不同教师的需求。

（2）采用多样化的培训方式。结合线上线下培训方式，如在线课程、工作坊、研讨会等，以满足不同教师的学习风格和时间安排。同时，可以引入项目式学习、案例研究等教学方法，提高培训效果。

9.4.2.3 强化激励机制

(1)将数字素养纳入考核体系。将数字素养作为教师职称评定、评优评先的重要指标之一，激发教师提升数字素养的积极性和主动性。

(2)设立奖励制度。对在数字素养方面表现突出的教师给予表彰和奖励，如颁发证书、提供奖金等，以树立榜样并激励其他教师。

(3)提供职业发展机会。为具备较高数字素养的教师提供更多的职业发展机会，如参与国际交流、承担重要项目等，以鼓励其不断提升自身能力。

9.4.2.4 加强跨学科合作与资源共享

(1)建立跨学科合作机制。鼓励不同学科的教师加强交流与合作，共同开发数字化教学资源、探讨数字化教学方法。通过跨学科合作，促进知识的融合与创新。

(2)推动资源共享。建立数字化教学资源共享平台，使教师能够方便地获取和使用各类数字资源。鼓励教师分享自己的教学经验和资源，促进知识的传播与共享。

9.4.2.5 引入外部资源与专家指导

(1)与企业合作。积极与企业合作，共同开展数字素养培训和实践活动。通过引入企业的先进技术和经验，提升教师的数字素养水平。

(2)邀请专家指导。邀请业界专家、学者来校授课、指导实践，为教师提供宝贵的学习机会和经验分享。通过与专家的交流与合作，拓宽教师的视野并提高其专业素养。

以上建议，可以为高校教师数字素养的培养提供有力的支持和保障。这些建议不仅科学合理、易于管理，而且能够满足高等教育发展的需要，推动我国高校教师数字素养的不断提升。

参考文献

[1] Eshet-Alkalai Y. Digital Literacy：a Conceptual Framework for Survival Skills in the Digital Era [J]. Journal of Educational Multimedia and Hypermedia，2004，13（1）：93-106.

[2] Gilster P. Digital Literacy[M]. New York：John Wiley & Sons，1997.

[3] 王佑镁，杨晓兰，胡玮，等．从数字素养到数字能力：概念流变、构成要素与整合模型 [J]. 远程教育杂志，2013，31（3）：24-29.

[4] 施歌．中小学生数字素养的内涵构成与培养途径 [J]. 课程•教材•教法，2016（7）：69-75.

[5] 李德刚．数字素养：新数字鸿沟背景下的媒介素养教育新走向 [J]. 思想理论教育，2012（18）：9-13.

[6] 李玉婷，王海福．数字时代高校教师数字素养提升策略研究 [J]. 数字教育，2022，8（1）：48-53.

[7] 刘洋，李淑．数字化时代高校老师数字素养提升策略研究 [J]. 中国成人教育，2023（12）：72-76.

[8] 李德刚．数字素养：新数字鸿沟背景下的媒介素养教育新走向 [J]. 思想理论教育（行动版），2012（9）：9-13.

[9] 周如俊．职业院校教师数字素养：内涵溯源、框架构建和实践路向 [J]. 江苏高职教育，2023，23（2）：11-20，72.

[10] 孙旭欣，罗跃，李胜涛．全球化时代的数字素养：内涵与测评 [J]. 世界教育信息，2020（8）：13-17.

[11] 宋新越，钱淑芳．内蒙古高校大学生数字素养分析及对策 [J]. 数字传媒研究，2019，35（11）：22-31.

[12] 宗海浪．传统文化中的数学智慧对数学教学的影响及启示 [J]. 成才之路，2024（4）：101-104.

[13] 程计梅．核心素养下初中数学智慧学习实施策略研究 [J]. 数学学习与研究，2023（21）：86-88.

[14] 陆丽平．终身教育视角下地方高校继续教育内涵式发展 [J]. 继续教育研究，2024（6）：17-22.

[15] 朱建军，王金龙．高校教师数字素养促进教学数字化机理研究 [J]. 湖北开放职业学

院学报，2023，6（3）：141-143.

[16] 但武刚，李玉婷，王海福．高校教师数字素养框架构建与展望 [J]. 教育与教学研究，2022，36（9）:41-53.

[17] 马颜军．大数据时代高校混合教学模式研究与实践：评《基于“互联网 +”的混合教学实践与探索》[J]. 中国高校科技，2023（8）：99.